"ID, Y HACED DISCIPULOS"

MANUAL PRACTICO
DEL
DISCIPULADO CRISTIANO UNIVERSITARIO

Por

Harvey Herman, Jr.

PREFACIO

En mayo de 1977, fui uno de los siete ministros para universitarios que recibieron la tarea de desarrollar una filosofía de ministerio para Chi Alpha (el ministerio nacional provisto por las Asambleas de Dios para alcanzar a estudiantes universitarios no cristianos). De esta comisión, más tarde conocida como "Los siete de San Antonio", se hizo un llamado a los estudiantes cristianos para formar una comunidad en el *campus* a fin de llevar el testimonio de Jesús. Esta comunidad dentro del campus debía expresarse en adoración, discipulado, y testimonio. Los siguientes son extractos de la sección de discipulado en la Filosofía de Ministerio de Chi Alpha.

Al decir "comunidad de discipulado" queremos significar que como personas reunidas en el campus estamos comprometidos a buscar el cumplimiento de la Gran Comisión dada por el Señor Jesucristo, de "discipular" a todas las naciones (Mateo 28:20).

Es nuestra convicción que el discipulado se lleva a cabo mejor en el contexto de relación de un creyente maduro que ayuda a nutrir a los miembros más jóvenes de la comunidad en pequeños grupos, así como Jesús discipuló a los doce apóstoles y como ellos fueron de casa en casa. A través de este proceso cada miembro por tanto recibe el conocimiento y las habilidades básicas necesarias para crecer en madurez en Cristo y es equipado para la obra del ministerio (Efesios 4:11-16).

Deseamos seguir las instrucciones de Pablo a Timoteo: "Lo que has oído de mi ante muchos testigos, esto encarga a hombres fieles que sean idóneos para enseñar también a otros" (2 Timoteo 2:2). De esta manera perpetuamos un desarrollo continuo de líderes maduros para la obra de Cristo en una comunidad universitaria.

La intención de este manual es ayudar al pastor del campus a alcanzar los ideales expresados en la Filosofía de Ministerio de Chi Alpha. La meta del manual es poner en manos del pastor del campus una filosofía de discipulado. También pretende proveer al pastor con una herramienta para ayudarlo en el proceso de discipulado. Esta herramienta es una clase sobre el discipulado que puede ser ofrecida a los estudiantes universitarios. Incluye una serie de 12 lecciones de apuntes de clase para el estudiante y comentarios adicionales para el pastor del campus que está enseñando la clase.

Tanto la *Estructura del discipulado* como los *Apuntes del estudiante* imitan un patrón básico. Los primeros cuatro capítulos de la *Estructura del discipulado* y las primeras seis lecciones de los *Apuntes del Estudiante* se concentran en los fundamentos teológicos y filosóficos para el proceso del discipulado. El resto de la *Estructura* y los *Apuntes* tratan con los aspectos prácticos de la implementación de estos fundamentos. Ellos siguen un patrón familiar de Pablo cuando escribió varias de sus epístolas. El primero trata con "quién eres" antes de ir a "qué debes hacer". Este manual es arreglado de similar manera con el "por qué" del discipulado antes de tratar con el "cómo".

Esperamos que este manual ayude al pastor de campus que recién comienza, o a pastores de campus con limitada experiencia en el discipulado, a dar un salto adelante en el propósito de convertirse en un discipulador eficaz. Las instrucciones provistas han probado ser eficaces y fructíferas. Sin embargo, estas instrucciones son recomendaciones y no pretenden ser la política obligatoria de Chi Alpha. Use este manual como un trampolín para su propia creatividad dentro de la situación singular de su campus.

La *Estructura del discipulado* está escrita con el pastor de campus en mente. Los apuntes de la clase están escritos con el universitario en mente. Por tanto, habrá alguna superposición entre ellos. Las cosas mencionadas en el manual son aquellas que se consideran las más cruciales para el pastor de campus. Sin embargo, muchos principios vitales del discipulado son tratados solamente en los apuntes del estudiante.

Permítame culminar el Prefacio con unas pocas palabras más.

Este manual reconoce la valiosa contribución que las mujeres realizan en el proceso de discipulado y a nivel de personal. Ciertamente en el ministerio a universitarios los hombres y mujeres son colaboradores. A veces, para mayor simplicidad, se usa el género masculino.

Es mi sincera esperanza que esta *Estructura de discipulado* y la clase de discipulado capaciten a los pastores de campus a entender y desarrollar el discipulado en la universidad secular. Aunque trata una gran variedad de temas, no pretende ser completo y exhaustivo. Sin dudas usted agregará una o dos lecciones y también material a las lecciones. Lo alentamos a hacerlo así. Es por esto que el manual es reproducido en una carpeta con anillos. Una carpeta permite más fácilmente su expansión.

Una nota final: El discipulado debe llegar a ser una pasión para usted—el pastor de campus. El meramente recitar las lecciones no garantizará la producción de discipuladores. Los discipuladores deben ser reproducidos y no sólo producidos. La clase y todo lo demás sugerido en este manual debe ser comunicado con un verdadero fervor y convicción. Viva el contenido del manual. Ore al respecto y hágalo real en su vida. Sólo llegará a ser una realidad en su grupo universitario si es real en su propia vida.

Harvey Herman, Jr.
Seattle, octubre 1990
Agradecimientos

Es todavía un recuerdo vívido para mí. Era marzo de 1977, en Springfield, Missouri, en una conferencia nacional de ministros de campus. Fue la primera vez que conocí a Brady Bobbink. Brady comenzó a describir lo que el Señor le estaba enseñando sobre el discipulado y cómo implementar aquellos principios en la Western Washington University. Fui profundamente desafiado por el libro de Robert E. Coleman, *El plan maestro de evangelismo*, unos pocos años antes. Ahora Brady estaba describiendo la implementación de estos principios en un ambiente universitario secular. Algo ocurrió dentro de mí ese día que hasta hoy ha tenido continuas repercusiones. Estoy profundamente agradecido a Brady, a él personalmente, sus enseñanzas, y su ejemplo de discipulado en el campus. Los pensamientos de Brady están entretejidos en este manual como hilos de oro en un tapiz .

He sido grandemente influido por el Doctor James Bradford, David Argue, los materiales de Chuck Miller, Lyman Coleman, y los libros y artículos que se mencionan a continuación. Agradecimientos especiales para Cindi Cameron quien me ayudó con la implementación de discipulado. Inapreciable reconocimiento debe darse a los muchos estudiantes que durante 15 años de ministerio universitario vivieron los principios descritos en este manual.

Gracias a Anne-Marie Heckt, Cindy West, y Patrick Mason por su ayuda y prueba de lectura. Felicitaciones a Matt Myers por sus magníficas ilustraciones. Gracias también al Calvary Chapel de Seattle por darme permiso y aliento para terminar este proyecto. Especial aprecio a la Boys and Girls Missionary Crusade (BGMC) de las Asambleas de Dios por proveer los fondos iniciales para este proyecto.

Cálidamente agradezco a mi esposa, Sally, y a mis hijos, Sarah y Matthew, por su amoroso apoyo durante el desarrollo de este proyecto.

Y por último, este proyecto nunca se habría convertido en realidad sin la hábil ayuda de Steve West. El ha trabajado conmigo en todo el material. El me ha dado una valiosa evaluación crítica de los principios. Sus perspectivas teológicas han aumentado significativamente este manual. El ha contribuido con su propio contenido creativo, y provisto excelente formato y diseño.

Harvey Herman Jr.

Las siguientes publicaciones han sido citadas en este manual:

A menos que se indique de otra manera, las referencias bíblicas son de la Santa Biblia, versión Reina—Valera, 1960.

The Master Plan of Evangelism por Robert E. Coleman. Copyright 1963, 1964 por Fleming H. Revell Company. Usado con permiso.

Celebration of Discipline: A Path to Spiritual Growth por Richard J. Foster. Copyright 1978, por Harper & Row, Publishers. Usado con permiso.

Indice

GUIA A "ID, Y HACED DISCIPULOS"

Este manual ha sido diseñado para ser usado como un componente de la capacitación en el discipulado dentro de un ministerio local universitario. El manual se compone de tres partes:

1 Estructura de discipulado

Los capítulos en esta sección están dirigidos al ministro del campus o director del ministerio universitario. En estos siete capítulos usted encontrará una razón fundamental del discipulado, su base bíblica y filosófica, y algunas pautas prácticas sobre cómo desarrollar un ministerio de discipulado en el campus.

2 Apuntes del líder

Los *Apuntes del líder* están incluidos específicamente para ayudar al maestro de una clase de discipulado que usará los *Apuntes del estudiante*. Estos apuntes están arreglados de tal modo que encaren los *Apuntes del estudiante* y sigan a estos página por página. Para cada lección en los *Apuntes del estudiante*, los *Apuntes del líder* incluirán los objetivos de la lección, ilustraciones, y desarrollos del material. No todos los artículos en los *Apuntes del estudiante* son comentados en los *Apuntes del líder*. Por tanto se ha dejado espacio para sus propios apuntes de enseñanza personales.

3 Apuntes del estudiante

Los *Apuntes del estudiante* consisten en material básico de introducción que será reproducido y entregado a los estudiantes como parte de la clase de discipulado del ministerio universitario. Se puede encontrar más información sobre una clase de discipulado en el capítulo 5 de *Estructura de discipulado*, "Desarrollando un ministerio de discipulado universitario".

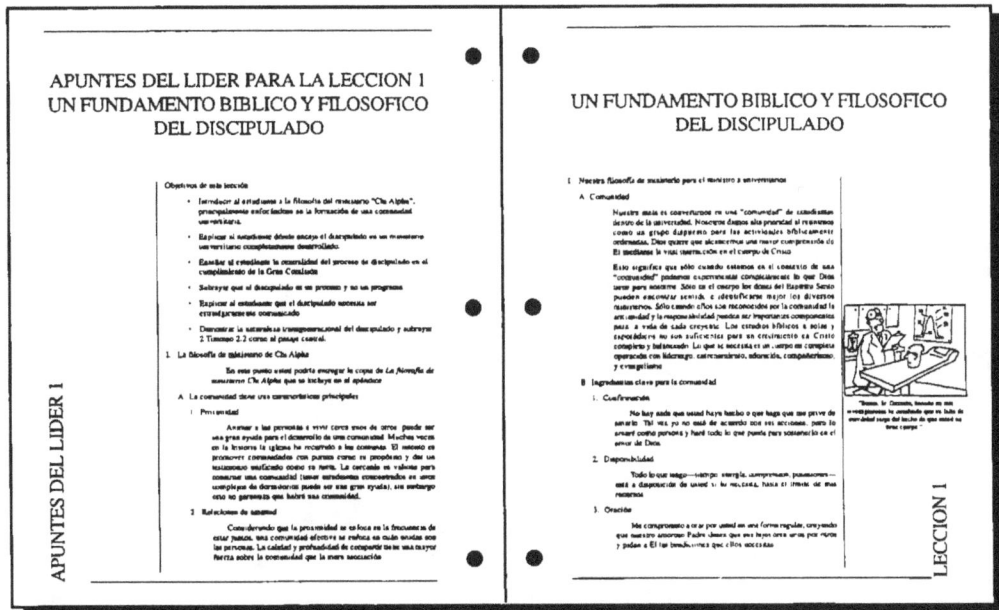

La notación del número de página es como sigue: "Sección. Capítulo. Página". Este sistema de notación fue escogido con el propósito de darle flexibilidad para agregar su propio material a la clase de discipulado. Las adiciones pueden ser insertadas como Apéndices o como Suplementos sin alterar la numeración del resto del manual.

Abreviaciones de secciones:

Estructura de discipulado .... ED (ED 7.2 se refiere a *Estructura de discipulado*, capítulo 7, página 2).

Apuntes del líder .... AL (AL 4.6 se refiere a *Apuntes del líder*, capítulo 4, página 6).

Apuntes del estudiante .... Los números de las páginas aparecerán en un formato simple "Capítulo.página" sin ningún prefijo. (2.4 se refiere a los *Apuntes del estudiante*, capítulo 2, página 4).

ESTRUCTURA DE DISCIPULADO

PUNTOS ESENCIALES DEL DISCIPULADO

¿POR QUE NECESITAMOS DISCIPULAR A LOS ESTUDIANTES?

El estudiante universitario de hoy está en gran peligro. Hay fuerzas que operan en el campus que tienen un atractivo exterior, pero que realmente son precursores de destrucción. Estas fuerzas no sólo actúan en la universidad, sino que son definidas y promovidas allí mismo. Ellas se han convertido en los ídolos de nuestra sociedad, y el estudiante de hoy está siendo adiestrado para que sirva como sus profetas. Los ídolos del materialismo, individualismo, relativismo, y secularismo son adorados sin rubor. El Dios de la Biblia tiene poca pertinencia para estos estudiantes que han hecho ídolos de su propia elección, ídolos que se adecúan a la opinión del mundo. Es obvio que el llamado de un pástor de campus es presentar a Jesús a estos estudiantes auto-indulgentes, pues el es tanto bello por dentro como por fuera.

Por tanto, la proclamación del evangelio de Jesús es esencial. Esta generación de estudiantes necesita a Jesús como Señor de su vida. Nos estremecemos por dentro cuando consideramos a un mundo dirigido por personas nutridas por la opinión del mundo que sustenta el estudiante de hoy. Si fracasamos por no responder a la desesperada necesidad de los estudiantes de la universidad actual, la iglesia cosechará un remolino de problemas apocalípticos y estos universitarios permanecerán esclavizados en su pecado.

La acción necesaria no es sólo una proclamación apologética y persuasiva, sino una adherencia firme al mandato principal de la Gran Comisión. Nosotros debemos "*discipular* a todas las naciones". Los estudiantes no sólo necesitan nueva vida, sino que se les muestre cómo vivirla.

Jesús se refirió a este proceso como llevar fruto. Es maravilloso ver una nueva rama agregada a la Vid. Cuánto más es ir más allá de eso y ver a aquellos que unidos a Jesús llevan el fruto de su nueva vida. "En esto es glorificado mi Padre, en que llevéis mucho fruto, y seáis así mis discípulos" (Juan 15:8). Para que la nueva vida del evangelio permanezca visible y activa en el campus, debe entonces ponerse en acción un discipulado dinámico y con propósito. La mayoría de los estudiantes de hoy están muy apartados de la opinión cristiana respecto del mundo. Con nuestra ayuda ellos deben llegar a entenderla, aceptarla, crecer en ella, y saber cómo reproducirla en otros.

Muchos pastores de universitarios comparten la experiencia común de nunca haber sido deliberadamente discipulados. Una cosa es pedir firmemente ser discipulados. Eso es algo a lo que todos podemos responder con un fuerte ¡amén! El problema surge cuando presumimos que el discipulado sólo se realiza cuando hablamos de esto a menudo. Otra cosa es saber lo que ese discipulado comprende y cómo efectuar la tarea. Si no hemos sido nunca discipulados personalmente, estaremos inseguros acerca de cómo discipular a otra persona. En esto radica el propósito de este manual. Examinemos seis fundamentos del discipulado.

EL CARACTER DE DIOS REFLEJADO EN EL CRECIMIENTO DE LAS RELACIONES

Nuestro mundo está enfrentando una crisis de liderazgo. Vemos la crisis en el campo político, en el mundo de los deportes, en el ejército y, trágicamente, en medio del liderazgo de la iglesia. La crisis no ha ocurrido por falta de personas con las necesarias habilidades para liderar. La crisis existe debido a la falta de profundidad de carácter en nuestros líderes.

Las buenas nuevas del evangelio implican la transformación de los creyentes en nuevas criaturas en Cristo Jesús. Esta transformación interna es un asunto central en el proceso de discipulado. Un verdadero discípulo de Jesús se caracteriza por el fruto del Espíritu, por un deseo de vivir en santidad e integridad. Un discípulo es aquel que puede vivir lo que predica.

Pero, el crecimiento a la imagen de Cristo no puede producirse en la soledad. Ser justo para con Dios es un asunto de relación. Usted no puede pecar a menos que quebrante alguna relación, sea ante Dios o ante una persona. Dicho de una manera más positiva, el vivir una vida justa se manifestará en nuestras relaciones. Es imposible discipular fuera o aparte de la comunidad del pueblo de Dios. El discipulado uno a uno mismo no existe. El crecimiento en Jesús demanda nuestra completa participación en la vida del cuerpo de Cristo.

¿Cómo debe ser la vida abundante entre los miembros de la iglesia? Ellos deben ser honestos y perdonadores, respetuosos y pacíficos. Deben hablar la verdad (aun cuando la verdad no sea lo popular) en amor (aun cuando el amor no pueda ser sentido).

Los discípulos son personas que afirman a otros. Ellos buscan ver todo el potencial y las posibilidades que Jesús ve en otra persona y afirmar sinceramente a su hermano y hermana. Los discípulos son personas vulnerables—ellos no esconden su verdadera identidad. Los discípulos se arriesgan y confían porque Jesús lo hizo. Ellos son cantidades conocidas.

Por tanto, uno de los fundamentos del proceso de discipulado es que este se realiza en el contexto de las relaciones. Así como Jesús escogió a doce hombres para que estuvieran con El, el discipulado también debe realizarse en compañerismo en donde los creyentes pueden ser conocidos y ellos conocer a otros también. La sabiduría de Salomón declaró bien este principio: "Hierro con hierro se aguza; y así el hombre aguza el rostro de su amigo" (Proverbios 27:17). A través de un claro enfoque del discipulado, una comunidad local es transformada corporal e individualmente.

UNA FILOSOFIA DE MINISTERIO QUE INFLAME UNA VISION GLOBAL

Cristo dijo a sus discípulos que ellos llegarían a ser sus testigos no sólo en Jerusalén, sino eventualmente hasta el fin de la tierra. Para Jesús, el discipulado no impedía la evangelización del mundo, sino que el discipulado era de hecho el medio para evangelizar al mundo. Jesús llegó a alcanzar al mundo con las buenas nuevas y el poder salvador y sanador. El lo hizo discipulando a doce hombres en el mensaje y el método del reino de Dios. El punto aquí es simple, pero a menudo pasado por alto. Jesús pretendió alcanzar al mundo, y El llegó a su meta a través del discipulado. Para nosotros, cualquier meta menos que el alcance del mundo es una meta demasiado pequeña. El discipulado es el método de Jesús para alcanzar esa meta. Si somos fieles en discipular en nuestra "Jerusalén", el mensaje y el poder de la salvación de Dios irá a todo el mundo.

Donde más podría ocurrir esto es incuestionablemente en las universidades de nuestro mundo. Un hombre que vio esto claramente y exhibió una visión mundial fue Charles Habib Malik, ex presidente de la Asamblea General de las Naciones Unidas. Escuche sus palabras: "La universidad es una clara palanca con la cual se puede mover al mundo. El problema es que la iglesia comprenda que no hay mayor servicio que pueda proveer para ella misma y para la causa del evangelio que se le ha confiado, que tratar de recapturar las universidades para Cristo ... Más potentemente que por cualquier otro medio, cambie la universidad y usted cambiará al mundo.

La Filosofía de Ministerio de Chi Alpha es una filosofía para alcanzar al mundo. Pone su enfoque principal sobre la comunidad de Cristo y todo lo que puede ser en Cristo. La comunidad dentro de la universidad debe expresarse en *adoración* a Dios, *fraternidad*, *testimonio* a los perdidos, y *discipulado* en todo nivel de relaciones en la comunidad. Para que el discipulado sea verdaderamente eficaz, la comunidad debe comprender su increíble potencial. Toda una vida de discipular fielmente a unos pocos a la vez tendrá un impacto global.

UN CORAZON SOLICITO QUE MINISTRA A PERSONAS NECESITADAS

Pobreza, ignorancia, enajenación, enfermedades, agresión, codicia ... La lista podría seguir y seguir. ¡Jesús es la respuesta! Cada una de estas aberraciones rompe su corazón. ¿Qué le hace al nuestro? Es verdad que los problemas del mundo parecen abrumadores. El deseo de aislarnos de los problemas y las personas problemáticas es una tendencia muy humana. Pero ponernos en aislamiento, inconmovibles, e intocables por las necesidades a nuestro alrededor, despoja a Cristo del cristianismo.

¿Qué motiva a un discipulador? Compasión, el tipo que sólo Jesús tiene y sólo él puede dar. Un discipulador sin un corazón pastoral que puede ser tocado por los anhelos humanos puede ser peligroso. Ser depositario de las palabras de vida y luego manejarlas como algún tipo de nueva ley que pueden imponer sobre otros hace mucho daño a la causa de Cristo.

Las Escrituras nos dicen que "el amor cubre multitud de pecados." La experiencia nos dice que el amor cubre una multitud de ineptitudes también. A un discipulador que realmente se preocupa y lo demuestra se le responderá de igual manera. El amor que es paciente, amable, confía, y espera es el amor de Dios. Como Pablo dijo, "el amor nunca falla." Nosotros debemos tener como motivación la búsqueda de la excelencia en el ministerio. Pero la excelencia en las habilidades ministeriales sin una verdadera expresión de amor es muy confuso y puede causar daño.

FUNDAMENTOS TEOLOGICOS QUE SURGEN DE UNA HERMENEUTICA SANA

El discipulado debe permanecer en el camino correcto. Nuestros límites protectores son Cristo la Palabra viva y la Biblia la Palabra escrita. Debemos aprender cómo escucharlas correctamente. No podemos enfocarnos en una por encima de la otra, porque la iluminación del Espíritu nos ayuda a entender las Escrituras, y las Escrituras nos guían para interpretar lo que el Espíritu nos comunica.

Una de las habilidades más esenciales que debemos aprender y enseñar luego como discipuladores es el estudio inductivo de las Escrituras. La Palabra de Dios es nuestra autoridad para toda nuestra fe, creencia, y práctica. Debemos aprender cómo alimentarnos y luego mostrar a otros cómo alimentarse de la Palabra de Dios. Debemos discipular de tal manera que las personas mantengan una dependencia de Cristo solamente. Es incorrecto crear una dependencia en el discipulador hasta el grado en que el discípulo le entregue las decisiones que afectan su vida. Un discipulador debe equipar a los otros creyentes a fin de que estén "firmes, ceñidos [sus] lomos con la verdad".

El discipulador debe también orar para crecer en discernimiento espiritual y en la habilidad de juzgar las profecías. El Señor resucitado todavía desea hablarnos hoy. El Espíritu aún desea tratar las situaciones específicas en nuestra vida, y nosotros debemos tener una sólida comprensión de las Escrituras y el discernimiento espiritual para permanecer en el buen camino. Por tanto, debe prestarse atención a aprender correctamente las habilidades para interpretar la Biblia y nuestro oído debe estar en sintonía con la voz del Señor. Esto debe buscarse sin que uno se eleve por encima del otro.

COMPROMISO QUE ES MANTENIDO MEDIANTE UN CELO PIADOSO

Un ingrediente indispensable del discipulado es el compromiso. Alguien ha comparado la falta de compromiso con un embrague suelto en un automóvil. El conductor puede tener años de experiencia, el vehículo puede tener un motor poderoso, la carretera puede estar en buenas condiciones; pero el embrague no funciona.

Lo mismo puede ocurrir con las relaciones de discipulado. El discipulador puede estar bien capacitado y todas las partes pueden tener un buen corazón cristiano; pero sin compromiso, el proceso de discipulado fracasará. El compromiso debe ser enseñado, esperado, y modelado.

Una nota de advertencia. El compromiso por el compromiso solamente puede volverse bastante tedioso. Esto ocurre cuando nos concentramos en el programa y excluimos a las personas. Jesús llamó a sus discípulos a un increíble compromiso. Sin embargo, esto no era una gran causa por sí solo. El los llamó a una relación con el Padre y consigo mismo, y los llamó a hacer las obras de su Padre. Una persona que hace las obras del Padre está llena del celo de Dios. Esa persona arde por cumplir la voluntad de Dios. Las personas piadosas se convierten en personas comprometidas que permanecerán así.

Fue el celo por el Señor lo que motivó a Jehú a destruir la dinastía de Acab. ¡Oh, que podamos decir como Jehú: "Ven conmigo; y verás mi celo por Jehová"! (2 Reyes 10:16). El compromiso sin celo puede ser afanoso y el celo sin compromiso puede ser errático. Pero el compromiso que se alimenta del celo por Dios es poderoso en el proceso de discipulado.

HABILIDADES MINISTERIALES QUE DISCIPULAN TRANSGENERACIONALMENTE

Hasta ahora al hablar sobre estos fundamentos del discipulado hemos mencionado carácter, visión, corazón, y celo. Todos estos reflejan la cualidad interior del discipulador cristiano. Demasiado a menudo estos son pasados por alto mientras que nos concentramos en las habilidades y capacidades que un discípulo puede demostrar. El líder en el centro de trabajo es puesto a menudo como líder en la iglesia. Con frecuencia es una buena elección pero a veces un terrible error. Jesús nos dice que no fijemos la atención en lo que entra en una persona, sino en lo que sale de ella. El asunto del carácter esencial del discipulador es lo principal. Por ello ha recibido tanta atención.

Pero con eso no queremos decir que las habilidades ministeriales no son importantes. Por el contrario, la ineptitud no es virtud ni ningún tipo de bendición. El amor tal vez la pueda cubrir, pero no puede esconderla. Un discipulador debe asumir el compromiso de crecer en efectividad en la obra del Señor.

Algunas de las habilidades que observaremos más adelante en el manual incluyen el estudio bíblico, la oración, la evaluación de necesidades, el establecimiento de metas, la administración de tiempo, y las disciplinas espirituales. La meta de un discipulador es enseñar estas y otras destrezas ministeriales de una manera transgeneracional.

¿Le ha dicho alguien alguna vez: "Sé cómo hacer eso, pero no creo que pueda decirle cómo hacerlo"? Esto ocurre a muchísimas personas. Ellas pueden hacer mucho, pero no tienen la menor idea de cómo explicar a otros cómo lo hicieron. Debemos invertir tanto en pensar *cómo* debemos ministrar como en el ministrar mismo.

Las habilidades ministeriales transgeneracionales vienen con instrucciones adheridas. No sólo debo decirle cuánto necesita usted estudiar la Biblia, sino que debo tener un método para ayudarlo a comenzar. Y más que eso, el método que yo le enseño necesita ser uno que usted pueda fácilmente enseñar a otra persona. Si yo puedo ayudarlo a entender las Escrituras y al mismo tiempo hacerlo de una manera que lo capacite para enseñar a otro, entonces he discipulado a alguien en una generación más allá de la mía—por tanto una habilidad ministerial transgeneracional. Debemos enseñar no sólo lo que debe ser conocido, sino cómo conocerlo también. Es la meta de este manual ayudarlo a desarrollar un discipulado transgeneracional.

Como ya se dijo anteriormente, todos decimos un fuerte "amén" a la necesidad de discipular. Las seis metas que acabamos de citar presentan el alcance o radio que comprende este manual. Con este se pretende destacar los asuntos principales en el campus del discipulado. Nuestra esperanza es que lo ayude a cumplir más eficazmente la Gran Comisión: "discipular a todas las naciones" en su situación específica.

EL DISCIPULADO Y EL EJEMPLO DE JESUS

El proceso de discipular no era nuevo para el mundo judío en tiempos de Cristo. Los rabinos habían sido seguidos por discípulos mucho antes de la llegada del Mesías. Pero la manera en que Jesús discipuló fue radicalmente diferente. Los rabinos vinculaban a sus discípulos con el Tora, la Biblia judía, y la instrucción de maestros anteriores. Jesús vinculó a sus discípulos con El mismo. Jesús requirió que sus discípulos se rindieran sin reservas a El y al reino de Dios que estaba inaugurando. La relación entre Jesús y los doce apóstoles no tenía paralelo en la religión judía. Los Doce no eran la plana mayor que seguía a su jefe. Ser un discípulo de Jesús significaba nada menos que un compromiso personal completo con El. Y estar comprometido con Jesús incluía estar comprometido con su mensaje del reino de Dios y su método de presentar el reino.

EL MENSAJE DEL MAESTRO

Marcos en su Evangelio resume en un corto versículo todo el mensaje de Jesús. Refiere que después de que Juan el Bautista fuera encarcelado y antes de que Jesús llamara a sus primeros discípulos, El estuvo predicando: "El tiempo se ha cumplido, y el reino de Dios se ha acercado; arrepentíos, y creed en el evangelio" (Marcos 1:15).

Jesús venía declarando que el reino de Dios estaba ahora presente y activo entre su pueblo. Este reino no era geográfico sino que se refería al gobierno y al reinado de Dios en la tierra. Y Jesús vino de Dios para establecer el reino de Dios. Hubo tres evidencias principales en el ministerio de Jesús que exponían el gobierno de Dios. Primero, las buenas nuevas de que al seguir a Jesús la relación con Dios podía ser ahora de Padre a hijo. Segundo, los malos espíritus que mantenían esclavizadas a las personas eran expulsados. Y por último, los enfermos eran sanados. Estas evidencias demostraban la integridad del mensaje de Jesús. Jesús indicó además que el reino de Dios es expresado en dos grandes momentos: el cumplimiento en la historia en la persona de Jesús, y la consumación al final de la historia que Jesús hará en su segundo regreso.

Es así como las parábolas deben ser comprendidas. En la parábola del sembrador, Jesús nos dice que el reino funciona u opera silenciosamente, aun secretamente entre los hombres. No se le impone a nadie, sin embargo debe ser recibido voluntariamente. Pero en dondequiera que sea recibido, produce mucho fruto. Por ahora, el énfasis no está en la cosecha sino en el acto central de sembrar.

De la parábola de la semilla de mostaza, Jesús instruye a sus discípulos que el reino de Dios será un día como un gran árbol y gobernará a todo el mundo; que hasta entonces parece pequeño e insignificante, pero que ahora crece calladamente. Las parábolas del tesoro y la perla nos recuerdan que el reino de Dios es de inestimable valor y que debe ser buscado por encima de cualquier otra posesión.

Si le costara a un hombre todo lo que posee, aun así sería un muy pequeño precio que pagar a cambio de ganar el reino.

Por tanto, Jesús nos enseñó que el discipulado no es meramente seguir a un mesías, sino que para ser un discípulo uno debe participar completamente en la vida del reino de Dios. El discipulado no es solamente aprendizaje. Va más allá de eso a la experiencia y la participación. Es personal, es real, es actual, y nosotros podemos recibirlo. Un discípulo no recita meramente las enseñanzas de Jesús y de esa manera madura. Un discípulo vive la verdad de la enseñanza de Jesús y por tanto se vuelve eficaz con una obra imperecedera que cumplir.

Cuánto más se podría decir del mensaje de Jesús. Y está siendo dicho regularmente domingo tras domingo en la iglesia local. Con justa razón, los creyentes se han concentrado en las palabras de Jesús, puesto que estas son verdaderamente "palabras de vida". Pero, ¿destaca la fortaleza de la iglesia al mismo tiempo su debilidad? Nosotros queremos tanto creer como Jesús enseñó, y debemos hacerlo. Pero, ¿deseamos nosotros con igual celo vivir como Jesús vivió? ¿Deseamos hacer las obras del reino también? ¿Hay tanto que aprender por seguir el método de Jesús para conquistar el mundo?

La respuesta a esta última pregunta es central para entender el proceso de discipulado. Jesús vivió con propósito. La manera en que Jesús vivió es tan instructiva como sus palabras. Jesús esperaba que los discípulos que había elegido hicieran lo que El hizo.

EL METODO DEL MAESTRO

Desde que fue publicado por primera vez en 1963, el corto libro de Robert E. Coleman, *El Plan Maestro del Evangelismo* se ha convertido en un clásico en su tiempo. ¡Sea cuidadoso cuando lo lea! Es fácil de entender, pero su mensaje es exigente. Demanda una respuesta que cambia la vida. Coleman describe el principal propósito de Jesús como evangelismo mundial y su método para llevarlo a cabo era el discipulado. Por favor, escuche al autor del libro indicar el objetivo del Mesías en esta cita un tanto extensa:

"Los días de su encarnación fueron sólo manifestados en el tiempo del plan de Dios desde el principio. Esto estuvo siempre presente en su mente. El quiso librar del mundo a personas para sí mismo y construir una iglesia en el Espíritu que nunca perecería. El tuvo su vista en el día que su reino vendría en gloria y en poder. Este mundo era su creación, pero nunca procuró hacerlo su definitivo y permanente lugar. Sus mansiones estaban en los cielos. El iba a preparar un lugar para su pueblo que tenía fundamentos eternos en los cielos.

"Nadie fue excluido de su propósito lleno de gracia. Su amor era universal. No se equivoque. El era "el Salvador del mundo" (Juan 4:42). Dios deseaba que todos los hombres fueran salvos y que llegaran al conocimiento de la verdad. Para ese fin Jesús se entregó a fin de proveer salvación de todo pecado a todos los hombres. Al morir por uno, El murió por todos. Contrario a nuestro pensamiento superficial, nunca hubo distinción en su mente entre misiones locales y misiones foráneas. Para Jesús todo era evangelismo mundial.

"Su vida estaba ordenada por su objetivo. Todo lo que hizo y dijo era parte de un patrón general. Tuvo significancia porque contribuyó al propósito fundamental de su vida que era redimir al mundo para Dios. Esta fue la visión motivadora que gobernó su comportamiento. Sus pasos fueron ordenados por esta. Anótelo bien. Ni siquiera por un momento perdió Jesús su vista de su meta.

"Por eso es tan importante observar la manera en que Jesús se manejó para alcanzar su objetivo. El Maestro demostró la estrategia de Dios para la conquista del mundo. El tenía confianza en el futuro precisamente porque El vivía de conformidad con ese plan en el presente. No había nada casual en su vida—ninguna energía desperdiciada, ninguna palabra sin sentido. El estaba trabajando para Dios (Lucas 2:49). El vivió, murió, y resucitó según el programa. Como un general que planea su estrategia de batalla, el Hijo de Dios calculó ganar. El no podía permitirse correr riesgos. Calculando toda alternativa y factor variable en la experiencia humana, El concibió un plan que no podía fallar." (*The Master Plan of Evangelism*, Robert E. Coleman, Revell: Old Tappan, New Jersey, 1963, pp. 17, 18.)

El propósito de Jesús fue alcanzar al mundo con las buenas nuevas de que Dios ama, perdona, y reina. Jesús se preocupa por cada individuo. El proveyó una salvación para "todo aquel que cree". Pero su método no fue el evangelismo masivo. Los hombres fueron su método. El mundo no es cambiado por ideologías más grandes y mejores o por medio de programas altamente eficientes. Jesús se propuso cambiar el mundo cambiando a los hombres y en pequeñas cantidades a la vez.

Usted debe entender que esto es mucho más que presentar una persona a Dios el Padre, hacer que confiese su pecado, y pedirle que asista a la iglesia. El método de discipulado de Jesús presupone que sus seguidores viven en comunidades donde hay una relación de compromiso del uno al otro. Fundamental para el discipulado de Jesús es el establecimiento de la comunidad. Nosotros hemos llegado a conocerlo comúnmente como la iglesia—la reunión. Jesús se comprometió a edificar su primera comunidad cristiana. El cuidadosamente seleccionó a los primeros miembros. Sin embargo, la comunidad no es algo que se crea cuando las personas se reúnen. La comunidad es una manera de vida que trasciende la mera asociación.

La gente se reúne todo el tiempo. Ellos se unen a logias, asociaciones de vecindades, organizaciones de caridad, sindicatos... Pero la comunidad de Dios es muy diferente. Es más que cristianos que se asocian—mucho más. El método de discipular de Jesús demuestra cómo los cristianos deben vivir unos con otros. En vez de unirse a una organización cristiana que tiene un programa diseñado para el bienestar público, el desafío a la iglesia de hoy es vivir unos con otros en una relación dinámica en la que se comparte al Señor y se da a conocer a Jesús. La comunidad es costosa, a menudo la vida de la iglesia de hoy no lo es.

Antes que Jesús realizara su primer milagro, escogió a hombres. Y luego permaneció con ellos. De hecho, a medida que el tiempo de la cruz se acercaba más y más, Jesús aumentó su tiempo con los Doce. La manera de alcanzar a las multitudes no fue por medio del exclusivo ministerio a las multitudes, sino mediante la edificación de hombres que podrían a su vez alcanzar a las multitudes. Estos hombres que Jesús escogió aprendieron a alcanzar a las multitudes siguiendo el ejemplo de El—un puñado de hombres a la vez. Ellos eran hombres seleccionados. Debían discipular a hombres así como ellos habían sido discipulados por Jesús. Y ellos tuvieron buen éxito cuando sus discípulos comenzaron a discipular a otros.

Ser un discípulo de Jesús significaba llevar su propia cruz. Significaba compromiso total con Jesús y su misión. Ser discípulo de Jesús significaba entregarse sin egoísmo, amando a Jesús como El los amó. Jesús les mostró cómo entender la Palabra de Dios. El les enseñó cómo orar. El les dio tareas en el ministerio y luego repasó su ministerio cuando lo completaron. El los hizo responsables de lo que estaban aprendiendo y de las tareas y obligaciones que les había dado. Jesús trabajó con ellos hasta que comenzaron a producir fruto en el cumplimiento de su ministerio. Y aun después de haber sido discipulados, El prometió que nunca los dejaría solos en su tarea de llevar a cabo la voluntad del Padre.

La comunidad es el fundamento para crecer en el amor y la vida de Dios. Este fundamento es el núcleo central de la filosofía de ministerio de Chi Alpha en el campus secular. Nuestra declaración de filosofía lo dice bien:

"Nuestra principal estrategia es trabajar hacia la edificación de un grupo o comunidad de personas que comparten los ideales de ser una comunidad de adoración, una comunidad de fraternidad, una comunidad de discipulado, y una comunidad de testimonio. Creemos que la atmósfera más fértil para que las personas lleguen a la fe y madurez en Cristo es la exposición cálida a un grupo de personas fervientemente comprometidas para con el Dios de la Biblia, unos con otros, y con la tarea de evangelizar el campus. Como una comunidad que adora, ama, discipula, y testifica, ellos demuestran el reino de Dios y lo enseñan más eficazmente a otros.

Para el uso eficaz de este manual y de los apuntes de la clase que siguen, es necesario que usted lea el libro de Coleman. Es usado como material de apoyo para las lecciones 1-4 en los apuntes de las clases, así como lectura requerida para la clase. Este libro explica cuidadosamente en 125 páginas lo que sólo puede ser destacado en unos pocos párrafos aquí. Ilustra el estilo de vida cristiano y desprograma nuestra vida de la iglesia. Cuide bien de entender los varios componentes en el método de discipular de Jesús descrito aquí. Permita que hable a su corazón y luego a su vida. Tal vez requiera cambios en su filosofía de ministerio. Pruébelo con la Palabra de Dios, y luego resuelva vivir bajo la autoridad de la Palabra.

EL DISCIPULADO Y LA GRAN COMISION

Escuche cuidadosamente las instrucciones finales de Jesús registradas por Mateo: "Toda potestad me es dada en los cielos y en la tierra. Por tanto id, y haced discípulos a todas las naciones, bautizándolos en el nombre del Padre, y del Hijo, y del Espíritu Santo; enseñándoles que guarden todas las cosas que os he mandado; y he aquí yo estoy con vosotros todos los días, hasta el fin del mundo" (Mateo 28:18-20).

Cuando leemos esto en español, el principal impacto que Jesús pretendió hacer es a menudo pasado por alto. Pero la intención es bastante clara en el lenguaje original del Nuevo Testamento. El griego es un idioma de acción. En la oración principal que comienza con "Por tanto....", usted encontrará un verbo principal y varias otras formas de verbos. El verbo principal es amplificado por las otras formas de verbos, pero el verbo principal claramente identifica la acción que se tomará. El verbo principal es "hacer discípulos". "Discípulos" es realmente parte del verbo mismo.

En el relato de Mateo él pone estas palabras de Jesús como la conclusión final. Ellas son las instrucciones finales del Señor a sus discípulos. Como el final en un testamento, son destinadas por su ubicación a tener gran significado. Después de todo lo que Jesús les enseñara y todo lo que había hecho en medio de ellos por más de tres años, estas fueron sus palabras de despedida, su Gran Comisión.

A menudo se dice que el enfoque en las palabras finales de Jesús era "ir"—que cumplir la voluntad del Padre está principalmente implicado en el "ir". Otros se han concentrado en "enseñanza", mientras que otros aun en la "obediencia a todo lo que Jesús mandó". El verbo principal de la oración, sin embargo, es "hacer discípulos". Todas las otras formas de verbos aumentan o amplifican el proceso de hacer discípulos. Aumentar la comisión suena como esto: A medida que vayáis, haced discípulos—haced discípulos bautizando y mediante la sólida enseñanza que conduce a la obediencia a los mandamientos de Jesús. El pasaje parece indicar que ir, bautizar, y enseñar conducen a la meta de discipular.

Nosotros a menudo pensamos que la voluntad de Dios tiene que ver con dónde nos encontramos. Presumimos que algún lugar es más adecuado que otros lugares para que sirvamos a Dios. Pero el impacto de la Gran Comisión parece subrayar que la voluntad de Dios está más interesada en *lo que hacemos* que *en dónde vivimos*. Usted no puede servir a Cristo en todo lugar al mismo tiempo, pero en dondequiera que esté puede hacer discípulos. Dios nos llama a veces a lugares específicos, pero eso es sólo el comienzo del cumplimiento de su voluntad. Jesús preguntaría: "¿Estás haciendo discípulos donde te puse?"

El discipulado es por tanto central para el gran propósito de Jesús respecto a su iglesia. Lo que hacemos en nuestra vida debe enfocarse en el proceso de discipulado—ser discipulado y discipular a otros. Debe ser nuestra inversión por toda la vida. ¿Cómo debemos invertir los talentos que el Maestro confía a nuestro cuidado hasta que El regrese? Sabemos que no debemos esconderlos, pero la inversión que trae las mayores recompensas en el reino de Dios es usar estos talentos para discipular. Es verdaderamente un tesoro que puede ser acumulado en los cielos. El discipulado es un ministerio que nos fue encargado por Jesús y que tiene impacto eterno.

EL DISCIPULADO ES UN ESTILO DE VIDA

El discipulado, como el evangelismo, es un mandato bíblico. No son opcionales en la vida del creyente. Aunque a veces muchos cristianos son tentados a realizar alcances especiales y a "hacer evangelismo" en un esfuerzo por calmar su conciencia en lo que se refiere a propagar las buenas nuevas, la mayoría sabe que ser un testigo es un trabajo continuo del que nunca están libres.

Lo mismo se podría decir del discipulado. Para el cristiano, el discipulado debe ser un estilo de vida—una aventura en todo momento. El discipulado no puede ser enfocado como una nueva área de crecimiento personal que uno subraya por un tiempo. No es un programa electivo o que puede ser agregado a un ministerio. Ser un discípulo y discipular a otros es el núcleo de la definición del Nuevo Testamento de una vida cristiana eficaz. Ya hemos visto que el discipulado es el centro de la Gran Comisión de Jesús a su iglesia. En vez de ser un detalle en la periferia, el discipulado es un asunto principal; un punto desde el que las creencias y el estilo de vida cristianos se originan y desarrollan.

EL DISCIPULADO ES COSTOSO

En Marcos 1:17, Jesús compromete a Pedro mientras él está trabajando y le dice: "Ven y sígueme". Para Pedro, seguir significaba dejar atrás a su familia, vocación, y hogar. Al principio Jesús dijo a Pedro que El lo adiestraría en un nuevo tipo de pesca, pero que para aprender él tendría que dejar todo atrás. Unos pocos años más tarde, Jesús viene otra vez a Pedro mientras está pescando y las últimas palabras registradas de Jesús a Pedro son iguales que las primeras: "sígueme tú" (Juan 21:22). El discipulado para los discípulos de Jesús fue y es aún muy costoso.

El costo del discipulado es el llamado a seguir. Seguir a Jesús nunca es un logro o una recompensa por algún mérito en el discípulo. Más bien, es un primer acto de obediencia al mandato divino dado a todos los cristianos. Pedro aprendió que el hecho mismo de haber sido llamado fue un supremo acto de gracia por parte de Dios. Dietrich Bonhoeffer nos recuerda que "dicha gracia es *costosa* porque nos llama a seguir, y es *gracia* porque nos llama a seguir a *Jesucristo*. Es costosa porque cuesta a un hombre su vida, y es gracia porque da a un hombre la única vida verdadera. Es costosa porque condena al pecado, y gracia porque justifica al pecador. Por encima de todo, es *costosa* porque costó a Dios la vida de su Hijo ... y lo que costó mucho a Dios no puede ser barato para nosotros. Por encima de todo, es *gracia* porque Dios no consideró a su Hijo un precio demasiado precioso para pagar por nuestra vida, sino que lo entregó por nosotros" (*El costo del discipulado*, pp. 47, 48, Dietrich Bonhoeffer, MacMillan: Edición revisada, 1959). Ser un discípulo de Jesús es un acto de llevar a cabo voluntariamente sus deseos, no sólo una confesión de alianza.

Aunque costoso, responder al llamado del discipulado debe caracterizarse también por gran gozo. Jesús enseñó: "También el reino de los cielos es semejante a un mercader que busca buenas perlas, y habiendo hallado una perla preciosa, fue y vendió todo lo que tenía, y la compró" (Mateo 13:45, 46). Una vez que reconocemos la magnitud del mandato de Jesús, nosotros ansiosamente ponemos todo a un lado y seguimos tras El. El apóstol Pablo aprendió esto, pues él testifica: "Pero cuantas cosas eran para mí ganancia, las he estimado como pérdida por amor de Cristo. Y ciertamente, aun estimo todas las cosas como pérdida por la excelencia del conocimiento de Cristo Jesús, mi Señor, por amor del cual lo he perdido todo" (Filipenses 3:7, 8).

Si ser un discípulo es costoso, también lo es ser un discipulador. El proceso de discipulado demanda mucho autosacrificio, puesto que Jesús exige que todos nuestros recursos personales estén disponibles. Un discipulador está a menudo abierto a la crítica. Discipular a otros puede ser agotador. Por esto es esencial que el discipulador tenga un amplio fundamento bíblico para el discipulado. Cuando la fatiga lo abruma, el discipulador que no entiende completamente su llamado puede caer bajo la presión.

Tal vez las palabras más inquietantes de Jesús en cuanto al costoso discipulado están registradas en Marcos 8:34: "Si alguno quiere venir en pos de mí, niéguese a sí mismo, y tome su cruz, y sígame". Esta cruz no consiste simplemente en cargas que debemos llevar. La cruz de Jesús ciertamente no lo fue. La cruz de Jesús era un espantoso instrumento de muerte. Un discípulo es llamado por Jesús para seguir y morir. El discipulado implica la muerte. Jesús insta a sus discípulos a aceptar la primera muerte antes que la segunda muerte de la que no hay salvación (Apocalipsis 20:14). Aunque estas palabras son perturbadoras, conducen a la verdadera vida. Es al morir que encontramos la vida. "Porque todo el que quiera salvar su vida, la perderá; y todo el que pierda su vida por causa de mí y del evangelio, la salvará" (Marcos 8:35). Por tanto, el discipulado nos hace morir a nosotros mismos y al mismo tiempo nos transforma para la eternidad.

El discipulado es costoso. Rehusar pagar el precio, sin embargo, es suicidio espiritual. El estilo de vida de un discipulador necesita el gasto de todo lo que tenemos para poder reproducir discípulos adicionales. Aunque pueda costarnos todo, también es digno de todo.

EL DISCIPULADO REQUIERE SER JUSTO

Un día un joven extraordinariamente rico se acercó a Jesús y le preguntó: "Maestro bueno, ¿qué haré para heredar la vida eterna?" La respuesta de Jesús lo tomó desprevenido: "¿Por qué me llamas bueno? Ninguno hay bueno, sino sólo uno, Dios" (Marcos 10:17, 18). Al considerar el asunto de la vida eterna, Jesús primero trató con la bondad. Aparentemente este joven hombre pensaba que ya era bueno. "¿Soy lo suficientemente bueno?"—era su preocupación. Jesús sabía que nosotros a menudo tenemos un sentido errado de lo que es bueno y malo como este joven rico... Nuestra bondad es a menudo para nuestro propio servicio. A veces se adecúa demasiado convenientemente a nuestra situación. Jesús sostuvo que sólo Dios es bueno y que sólo El puede decirnos el verdadero significado de ser bueno.

Una persona justa es una buena persona tanto en identidad como en conducta. Y aun la justicia que experimentamos es un don de Dios. "Al que no conoció pecado, por nosotros lo hizo pecado, para que nosotros fuésemos hechos justicia de Dios en él" (2 Corintios 5:21). Nosotros tenemos una nueva identidad inmerecida y gratuita. ¿No nos incumbe vivir por el Espíritu de Dios de manera que nuestra vida exterior pueda conformarse con nuestra nueva naturaleza? Con la ayuda del Señor debemos buscar emparejar nuestro estilo de vida con nuestras palabras e intenciones. Cuando esto ocurre somos llamados personas de integridad.

Ser un discipulador requiere que continuamente reduzcamos cualquier brecha en nuestra integridad. Una brecha en la integridad es la diferencia entre nuestra vida interior y nuestra vida exterior. Somos llamados a modelar la vida del Espíritu ante aquellos a quienes discipulamos. Enseñar a alguien acerca de Cristo es una cosa, modelar ante ellos una vida como la de Cristo, es algo totalmente distinto. Si nuestro discipulado es solamente enseñar, entonces la brecha en la integridad puede crecer hasta adquirir gigantescas proporciones. El discipulado es enseñar y mucho más. Un discípulo debe vivir lo que se enseña, y vivir de tal manera que los demás sean capacitados para vivir justamente. Jesús ofrece y requiere la justicia de los cristianos. También lo requiere el discipulado.

¿Es este llamado a vivir justamente lo que asusta y priva a tantos de convertirse en discipuladores? ¿O es que tememos la violación de la libertad personal que el discipulado trae? Recuerde, aquel que verdaderamente es libre, es libre para ejercitar su libertad y también para no ejercitarla. Aquel que debe hacer lo que en principio es libre de hacer no es realmente libre. Al tratar el tema de la libertad de un creyente, Pablo pone una meta ante todos nosotros: "... hacedlo todo para la gloria de Dios" (1 Corintios 10:31). La primera motivación de un discipulador es vivir para reflejar la gloria de Dios. La segunda motivación, Pablo nos la dice dos versículos después: "no procurando mi propio beneficio, sino el de muchos, para que sean salvos". Pavimentar el camino para que los no-creyentes anden en el Señor, esa es la motivación de Pablo. ¿Son estas nuestras motivaciones—vivir para la gloria de Dios y ver personas salvadas? Ellas hablan al corazón de los asuntos de nuestra libertad personal. Si optamos por la libertad personal con preferencia a ser un fiel discipulador, chocaremos de frente con la Gran Comisión. Pablo cerró el asunto en el siguiente versículo: "Sed imitadores de mí, así como yo de Cristo" (1 Corintios 11:1). He aquí un discipulador justo, que primero y ante todo vive para la gloria de Dios. El da su vida por la causa de extender el reino de Dios, y llama a otros a seguir su ejemplo al buscar vivir como Cristo.

El joven rico tenía la opción ante sí. Jesús le ofreció la verdadera bondad, tesoro en el cielo, y el privilegio de seguirlo a El. Tristemente, el engaño de las riquezas y el individualismo personal lo atraparon, y Marcos dice: "Pero él, afligido por esta palabra, se fue triste, porque tenía muchas posesiones" (Marcos 10:22). El escogió las riquezas temporales con preferencia al tesoro eterno, una bondad superficial por la verdadera bondad. El se escogió a sí mismo en vez de escoger a Dios y el servicio a su pueblo. Por tanto, se alejó triste. ¿Qué escogeremos nosotros?

EL DISCIPULADO SE EXPERIMENTA EN RELACIONES

Afirmar que el discipulado es un proceso de relaciones parece autoevidente, puesto que discipular requiere de por lo menos dos creyentes, (y es mucho mejor con más de dos). La preocupación aquí no es que se necesite más de una persona, antes bien la calidad de esas relaciones. ¿Qué hace que las relaciones de discipulado sean singulares?

Por la misma naturaleza del proceso de discipulado, las relaciones deben moverse a un nivel significativo de profundidad y madurez para todos los interesados en ella. Una amplia gama de intereses personales deben ser considerados para llevar a un nuevo creyente a la madurez en Cristo. Moralidad, estilo de vida, consecuencias de pecados pasados y presentes, persecución, santidad, vida en el Espíritu, y nuevas habilidades son preocupaciones que cada cristiano debe enfrentar continuamente. Ya sea que el creyente sea un bebé, un adolescente, o una persona madura en el reino, todos enfrentamos estos asuntos.

Discipular y ser discipulado demanda que estos elementos de nuestra vida sean encarados juntos a la luz de la Palabra de Dios y su Espíritu.

Para que una relación de discipulado sea eficaz debe ir más allá de la superficialidad, más allá de las estructuras jerárquicas, y más allá de hablar acerca de ideas hasta los niveles más profundos de la comunicación apropiada. A menudo el nivel más profundo de comunicación trata con nuestra respuesta emocional a ciertas situaciones. Muchas veces la comprensión que necesitamos implica empatía. Uno no puede sostener a distancia esta clase de relación. Esto requiere una relación unida.

En otras palabras, el discipulado es un trabajo de amigos. Si los asuntos sensibles en la vida de una persona han de sujetarse al señorío de Cristo, entonces debe haber alguien en quien esa persona pueda confiar que caminará en su compañía.

Este aspecto del discipulado es destacado en muchas formas y contextos en este manual. Cuando el proceso de discipulado se convierte en una relación gastada, pronto llegará a su fin. Ya se ha mencionado el desarrollo de un carácter piadoso y ministrar a las verdaderas necesidades. Aquí se destaca el discipulado en una relación de amistad y su correlación con la vida justa. Se contrastarán las relaciones que son edificadas sobre la responsabilidad mutua. Usted encontrará de continuo este tema en los *Apuntes del estudiante*. Todo esto es intencional. Cuanto más usted entienda sobre la comunicación, desarrollo de relaciones, formación de carácter, resolución de conflictos, capacitación para el ministerio, y llevar las cargas de los demás, tanto más eficaz será como discipulador. La dinámica de las relaciones es un componente crucial en el que usted necesita invertir mucho para ver el fruto en su ministerio.

EL DISCIPULADO ES UN PROCESO

Ser discípulo de Jesús significa que nos sujetamos a su señorío. "Discípulo de Jesús" afirma dos cosas. Primero, como dice Pablo en Efesios 4:5, todos tenemos "un Señor, una fe, un bautismo, un Dios y Padre de todos, el cual es sobre todos, y por todos, y en todos". No una variedad de dioses, sino un Dios sobre todos. Es aquí donde los creyentes encuentran unidad. Ellos sirven al mismo Señor. Todos hemos respondido al mismo hecho en la historia. Todos escuchamos al mismo Espíritu.

Segundo, ser un "discípulo de Jesús" enfatiza que cada uno de nosotros es un discípulo singular. En este mismo capítulo de Efesios, Pablo contrasta nuestra unidad con nuestra diversidad que se destaca por una variedad de diferentes dones que vienen del mismo Espíritu.

Nosotros experimentamos la unidad del Espíritu al servir al mismo Señor, pero al observar a cada uno descubrimos diferentes dones y posiciones en la familia del Padre. Por tanto, somos al mismo tiempo unificados y diversificados. En este contexto es que Pablo habla sobre nuestro crecimiento y madurez en Cristo. En este manual, se referirá al discipulado como un proceso. Lo que Pablo está describiendo en Efesios es un proceso. Dios espera que el crecimiento espiritual se produzca en una comunidad en la que los miembros son diversos y su crecimiento en El sea singular. Un proceso es diferente a un programa. Ambos evocan diferentes imágenes mentales.

Un proceso puede hacerle pensar en un desfile o en una procesión. Al mirar el desfile, usted puede ver payasos, bandas, caballos... Un desfile se caracteriza por una gran variedad y diversidad. Un programa trae a la mente a una persona sentada en un escritorio que trabaja en un texto programado que busca respuestas específicas. Un proceso es dinámico, un programa parece estático. Un proceso demanda flexibilidad, un programa exige uniformidad.

Los intentos han sido a menudo menos que eficaces porque hemos tratado un programa de técnicas de discipulado. Nos hemos concentrado principalmente en enseñar el mensaje. Suponemos que conocer la sana doctrina hace a una persona un discípulo maduro. Todos sabemos por la experiencia que eso no es verdad. Todos podríamos tomar un curso en cirugía del corazón, pero estoy seguro que ninguno de nosotros se dejaría operar por alguien que nunca realizó una operación exitosa (aunque haya recibido notas sobresalientes en todo el curso). La clase es esencial para el proceso de discipulado, pero ciertamente no lo abarca. Se necesita tener un tiempo de laboratorio supervisado.

Este manual no describe el discipulado como un programa, sino más bien como un proceso de discipulado. No enseña un plan fijo a través del cual llevar al discípulo. Más bien trata de mostrar cómo convertirse en un discipulador eficaz. No descarta el concepto de los programas de discipulado. Por el contrario, estos programas son muy útiles y el manual enseña cómo extraer de ellos su máximo provecho. Pero el programa debe adecuarse a las necesidades de la persona que es discipulada. Y cuando no se "adecúa" al discípulo, una persona que entiende el proceso de discipulado puede con confianza hacer los ajustes necesarios para continuar el proceso. Al pensar en términos que gobiernan el proceso de discipulado, usted crecerá en eficacia al discipular.

El discipulado debe ser considerado como un todo-abarcante modo de vivir. Ser un discípulo es primero algo que somos antes que algo que hacemos.

DISCIPULA A LOS FIELES

Era a mediados de mayo y otro año escolar estaba terminando. El se sentó al sentirse cansado del año. Sus pensamientos volaron de una parte a otra. "Tú pensarás que después de ocho años de ministerio universitario, yo comenzaría a ver los frutos de mi labor, pero todo lo que siento ahora es fatiga y frustración. ¿Qué me pasó este año? No puedo recordar haber trabajado más duro, especialmente estos pasados cinco meses. Recientemente realicé más consejería en situaciones de crisis que quizá en los previos dos o tres años. Pero ¿ha mejorado alguien realmente? De hecho, algunos parecen en peor estado. Y aun mis estudiantes equilibrados parecían tambalearse al final del año escolar. Señor, ¿qué está ocurriendo? Tal vez no soy apto para ser un pastor de universitarios".

El Señor parecía dirigirlo a examinar cuidadosamente su calendario durante el último semestre. ¿Adónde se había ido, y con quién había pasado tiempo? Entonces todo comenzó a tener sentido. El podía honestamente decir que fue una persona muy solícita y que el ministerio universitario se caracterizaba por ser un ambiente amoroso y seguro para las personas con necesidades. Y ellos vinieron, personas con serias necesidades. El se tomó la responsabilidad de ministrar personalmente a todos. Pero ellos necesitaban mucho más de lo que él podía proveer. Luego se dio cuenta de otra cosa. Había varios estudiantes estables y solícitos en el grupo universitario, pero ellos no podían ministrar a personas con necesidades más profundas. Se sentían intimidados por los problemas de sus hermanos y hermanas en Cristo. El había fracasado por no equiparlos, y hecho falsas suposiciones de que ellos serían incapaces de ministrar.

El tenía que arrepentirse también. Arrepentimiento por la arrogancia de verse a sí mismo como el único capaz de responder propiamente. Pero más importante aun, arrepentimiento por no haber permitido a los estudiantes que crecieran como ministros el uno para el otro.

EQUIPAR A LOS SANTOS

En el cuarto capítulo de Efesios, Pablo menciona varios dones de liderazgo en el cuerpo de Cristo. Allí Pablo subraya la unidad y la diversidad del cuerpo. Su punto es que cuando se mantiene la unidad del Espíritu y se libera la diversidad del cuerpo, entonces todos los miembros crecen en madurez en Cristo. Sin embargo, la manera en que interpretamos el versículo 12 es absolutamente crucial para la manera en que nosotros como cuerpo buscamos la madurez. Algunos ven el papel de los líderes-siervos que se mencionan en el versículo 11 como cumplir con todas las responsabilidades mencionadas en los dos siguientes versículos. Estas son equipar a los santos, hacer las obras de servicio, edificar al cuerpo de Cristo, promover la unidad, enseñar el conocimiento de Jesús como el Hijo de Dios. Ellos creen que si hacen esto, entonces todos los miembros madurarán.

Si usted considera al papel de estos líderes-siervos como poseedores de la principal tarea de equipar a los santos, entonces el ministerio debería estar disponible a todos los miembros del cuerpo. Esta opinión ve a cada miembro como un ministro. El privilegio del ministerio está abierto a todos, no sólo a pastores específicamente adiestrados y al personal de vocación. Pedro dice de todos los miembros de la comunidad: "mas vosotros sois linaje escogido, real sacerdocio, nación santa, pueblo adquirido por Dios, para que anunciéis las virtudes de aquel que os llamó de las tinieblas a su luz admirable" (1 Pedro 2:9). El sacerdocio de todos los creyentes es enseñado aquí. Los sacerdotes necesitan ser equipados para cumplir sus funciones. Es el privilegio de los pastores de universitarios preparar a los estudiantes para el ministerio.

SEGUNDA DE TIMOTEO 2:2

Más allá de la Gran Comisión, el pasaje fundamental para el discipulado son las palabras de Pablo a su discípulo e hijo en el Señor, Timoteo: "Lo que has oído de mí ante muchos testigos, esto encarga a hombres fieles que sean idóneos para enseñar también a otros" (2 Timoteo 2:2). Hay por lo menos cuatro generaciones diferentes de discípulos mencionados en este versículo.

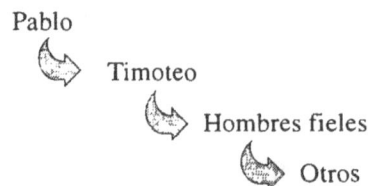

Pablo
⤷ Timoteo
    ⤷ Hombres fieles
       ⤷ Otros

Este versículo ilustra la naturaleza transgeneracional del proceso de discipulado. Primero Pablo pide a Timoteo que recuerde todo lo que él le enseñó e hizo que podía ser verificado por muchos testigos. No hay nada clandestino o esotérico en el ministerio de Pablo. El enseñó públicamente en las sinagogas, los mercados, las reuniones de la iglesia, y en casas. El oró por los enfermos y vio a muchos sanados. El expulsó a espíritus malignos. El viajó con compañeros en el ministerio. Timoteo había sido uno de esos compañeros. Su relación de discipulado había llegado a ser tan íntima que ellos se consideraban como padre e hijo. Ahora Pablo dice a su discípulo que seleccione a más discípulos fieles de la congregación. El debe seleccionar cuidadosamente. Y en este versículo Pablo da una pauta para la evaluación del ministro eficaz. Cuando Timoteo pudiera ver a discípulos equipados por los fieles que él mismo había equipado, entonces podía pensar que tuvo buen éxito.

A menudo se dice: "No podemos tener nietos espirituales". Lo que se quiere decir es que la experiencia de salvación de un padre no puede pasar al hijo automáticamente. El hijo debe aceptar a Cristo por cuenta propia. Por supuesto, este es el caso. Sin embargo, en lo que se refiere al discipulado, la meta es producir nietos espirituales. Debemos discipular de tal manera que nuestros discípulos a su vez discipulen a otros. Esta meta debe ser mantenida ante todo en nuestro pensamiento y obra. Debemos equipar a nuestros discípulos de tal manera que ellos puedan discipular a otros más tarde. Usted ha hecho un buen trabajo de discipulado cuando ve a su discípulo discipular a otro.

CARACTERISTICAS DE UNA PERSONA FIEL

Pablo no dijo a Timoteo que seleccionara cualquier individuo para discipular, sino que seleccionara "hombres fieles". *Fiel* es una palabra clave aquí. Hay por lo menos dos características de la fidelidad. Una es alguien "lleno de fe". Alguien que está lleno de fe es un creyente convencido de que Dios verdaderamente hace una diferencia en nuestro mundo. Alguien que cree que la oración de fe puede cambiar las cosas. Está lleno de fe, no sólo en la fe misma, sino lleno de fe en Jesús.

Un segundo aspecto de la fidelidad se refiere a la confiabilidad. Una persona confiable es alguien con quien usted puede contar. Ellos exhiben consistencia en su caminar. Esta es una simple evidencia de su pensamiento lleno de fe.

Pero, ¿quién puede ser un hombre "fiel"? A menudo, primero consideramos a aquellos que han aceptado a Cristo un buen tiempo atrás. Este es el caso en la mayoría de las situaciones. Pero algunos de los más fieles son aquellos que acaban de conocer a Cristo. Un nuevo creyente a menudo está recién convencido de que Dios verdaderamente hace una diferencia en la vida de una persona. Ellos pueden o no tener habilidades naturales de liderazgo, profundidad de carácter, o capacidades para el ministerio, o por lo menos todavía no. Lo principal no es en qué lugar están en su caminar con Cristo, sino ¿ellos son fieles? De hecho, el propósito del proceso de discipulado es ayudarlos en su caminar con Dios. Por tanto, al escoger un discípulo, la primera pregunta debe ser: "¿son fieles?".

DISCIPULE AL FIEL, PASTOREE AL INFIEL

El principio expresado en el título de arriba provino de la experiencia mencionada al principio de este capítulo. Ese pastor de universitarios descubrió que había gastado la mayor parte de su tiempo, energía, oración, y consejo con los estudiantes infieles. Al final del año escolar el fruto de los infieles fue, tristemente, más infidelidad; mientras que al mismo tiempo había varios estudiantes muy fieles en el grupo universitario que fueron descuidados. Este principio de "discipula al fiel, pastorea al infiel" no sólo es un valioso pensamiento, sino también una declaración a la que el pastor de universitarios debe dar prioridad. Escoja discipular antes que pastorear. Usted nunca debe eliminar el pastorear, puesto que siempre habrá aquellos que necesitarán de su habilidad de cuidar de ellos. Pero pase la mayor parte de su tiempo y emplee más de su energía, oración, y tareas de equipamiento con aquellos que son fieles. Al hacerlo, pondrá la Gran Comisión como prioridad en su vida.

Algunos tienen dificultad con este principio porque les parece que se descuida a las personas. Sin embargo, es la cosa que usted puede hacer con más cuidado. Equipar al cuerpo para ministrar permite que más personas cuiden de otras con eficacia. Eventualmente más encontrarán un lugar seguro donde sanar. Al principio, tal vez tenga que decir "no" a algunas necesidades inmediatas ante usted. Tal vez desilusione a algunos. Pero permanezca fiel a este principio, no sólo por un mes o dos. Haga un compromiso a largo plazo de discipular. En el caso del pastor de universitarios de la ilustración, varios de los miembros infieles ya no vinieron más al grupo universitario (por una diversidad de razones y no debido directamente a la falta de atención pastoral). Un nuevo curso fue establecido para trabajar con las personas fieles principalmente. Con el tiempo, un nuevo fervor comenzó a surgir en el grupo universitario. La visión floreció. La participación aumentó. Y los siguientes cinco años de ministerio universitario fueron alentadores. Hubo un crecimiento estable cada año. Aquellos que se graduaron comenzaron a establecer ministerios en donde iban. Fueron buscados para proveer liderazgo en las iglesias locales a donde asistían. Muchos estudiantes experimentaron alcances misioneros a corto plazo. Algunos fueron llamados al ministerio vocacional, el ministerio universitario, inclusive.

Se dice que Platón dijo: "Una cosa pequeña es una pequeña cosa, pero la fidelidad en una pequeña cosa llega a ser una gran cosa". Seleccionar unos pocos hombres y mujeres fieles para discipularlos, al comienzo puede parecer muy poca cosa, pero Dios lo convierte en una gran cosa.

> "Jehová, tú eres mi Dios;
> te exaltaré, alabaré tu nombre,
> porque has hecho maravillas;
> tus consejos antiguos
> son verdad y firmeza."
> Isaías 25:1

DESARROLLANDO UN MINISTERIO DE DISCIPULADO UNIVERSITARIO

Es tiempo de movernos de los fundamentos filosófico-teológicos del proceso de discipulado a la implementación de este proceso. Con nosotros, como con Jesús, el método debe estar en hacer de los creyentes hacedores de discípulos. Lo que se necesita es una dirección y un proceso coherentes. No existe una receta mágica. Recuerde, el discipulado es un proceso, no un programa. Los principios de discipulado deben ser aplicados y ajustados a su situación en particular. Repetimos, no hay una fórmula mágica que pueda hacérsela funcionar en todas las situaciones.

Sin embargo, así como un granjero prepara la tierra para recibir la semilla, luego la fertiliza y la riega, nosotros también podemos preparar la "tierra" de nuestros grupos universitarios y convertirla en un ministerio de discipulado. Como con todos los demás ministerios, el ministerio a universitarios es la obra del Señor. El da o produce el crecimiento. El hace que las personas maduren. El nos ha instruido ser parte del proceso. Entonces, ¿cómo podemos ayudar a preparar la tierra? Espero que algunas de las siguientes ideas puedan ayudarlo en esta tarea.

ENSEÑAR SOBRE EL DISCIPULADO

Sea cuidadoso en instruir a los estudiantes sobre su papel en la Gran Comisión. Es mejor en un nuevo grupo universitario usar su reunión principal como un lugar para comenzar a enseñar sobre el discipulado. Una sugerencia es enseñar de 1 Tesalonicenses. Usted descubrirá muchos principios importantes del discipulado expresados allí. Esto le permitirá enseñar un libro bíblico y los estudiantes recibirán una idea del proceso de discipulado en el contexto de esta congregación del primer siglo.

Los estudiantes no pueden responder sin un claro llamado. Al enseñar sobre el discipulado, ore que el Señor edifique una sólida visión de discipulado en ellos. En algún punto usted necesita desafiarlos a convertirse en discípulos y discipuladores. Un valioso libro que puede leer en este punto es *Dedication and Leadership (Dedicación y liderazgo)* por Douglas Hyde. Este autor lo desafiará a pedir grandes compromisos. En este manual hay un conjunto de apuntes del estudiante para una clase de discipulado. Guarde este material del libro de Hyde para una clase. Sin dudas usted usará algunos de los conceptos en su principal reunión de enseñanza, pero reserve su reunión del grupo completo como un lugar para la adoración, la enseñanza, y el ministerio. Usted debe esperar una respuesta profética de los estudiantes a discipular. La clase es más adecuada para la discusión e interacción.

DESARROLLAR UN GRUPO PEQUEÑO DE DISCIPULADO

Tan pronto como sea posible, demuestre el precedente bíblico para las reuniones de grupos grandes (para adorar, enseñar, y ministrar) y reuniones de grupos pequeños (para discipular, fraternizar y responsabilizar). Este es otro principio en el discipulado: Las personas tienden a reproducir en el ministerio lo que han experimentado.

Más que se les enseñe, los estudiantes necesitan experimentar el proceso de discipulado. Ellos necesitan tener un contexto en donde ven y experimentan transparencia y afirmación. No espere que se les pueda enseñar a hacer algo sin mostrarles cómo funciona.

Por lo tanto, comience un grupo pequeño de discipulado y en este grupo modele lo que ellos tendrán que reproducir más tarde al comenzar grupos pequeños. Dirija al grupo con confianza y habilidad, pero también dirija en áreas que son incómodas para usted. Dirija en las áreas que se siente menos capaz de dirigir. Muestre humildad en el liderazgo así como también en la competencia. Estos futuros líderes estarán probando sus alas por primera vez en muchas áreas del ministerio y ellos necesitan ver que se permite tropezar un poco antes de crecer en eficacia.

Enfoque con gran cuidado este grupo pequeño, puesto que en este grupo usted estará introduciendo un patrón que continuará por bastante tiempo. Ese patrón puede ser uno positivo (ejemplificado por el compromiso, la sanidad, el crecimiento espiritual, la visión...) o uno negativo (demostrado por una preparación al azar, sin desafíos, sin vida, impersonal...). Este grupo puede intimidar al pastor de universitarios que lo está haciendo por primera vez. Usted tal vez necesite modelar varias cosas que nunca antes ha tenido la oportunidad de dirigir. Estudie bien antes de comenzar. Hable con otros pastores de universitarios y pregúnteles acerca de sus experiencias en grupos pequeños. Tenga un plan claro. Ore mucho. Y luego camine en fe, y vea la mano del Señor bendecir algo que está muy cerca de su corazón—el discipulado de estudiantes para el reino de Dios.

FOMENTAR UNA ESTRUCTURA DE GRUPO DE "CADA MIEMBRO ES UN MINISTRO"

Si usted es fiel en discipular, descubrirá que el discipulado fomenta más ministerio. A medida que los estudiantes son equipados para evaluar las necesidades y desarrollar un plan de ministerio, ellos comenzarán a ver necesidades adicionales y oportunidades para el ministerio. Cuando ellos oren, verán la dirección del Señor. Así un discípulo comienza a pensar creativamente y con visión. Ellos necesitan que se les asegure que habrá lugar para encontrar el cumplimiento de aquellos que han sido llamados del Señor.

Al pensar en su plan de ministerio, asegúrese de que este pase por algunas pruebas. ¿Es este ministerio universitario flexible y susceptible de expandirse? Cuando alguien asume la responsabilidad de un nuevo ministerio, ¿está esa responsabilidad bien definida y están expresadas las expectaciones? (Un ejemplo de una descripción de trabajo para un líder de grupo pequeño se incluye en los apéndices). ¿Son introducidos los estudiantes en el proceso de tomar decisiones para la dirección de este ministerio universitario?

El llamado a discipular requiere que cada miembro se considere un ministro/sacerdote dentro del cuerpo de Cristo. Una vez que estén convencidos de que son llamados a discipular, ellos necesitan saber que el grupo responde a la genuina dirección del Espíritu. Usted necesita mantener simples las estructuras del ministerio, pero no restrictivas.

CAPACITAR A TODOS EN EL DISCIPULADO

En el método de discipulado de Jesús, El claramente seleccionó a unos pocos hombres que El discipularía individualmente. Para poder ser eficaz, Jesús se restringió a una cierta cantidad debido al tiempo que tenía disponible. Sin embargo, el llamado a discipular fue siempre extendido en su enseñanza y ministerio. Hay algo importante para nosotros en esto.

A medida que un pastor de universitarios dirige el proceso de discipulado, él debe hacer dos cosas al mismo tiempo. Primero, debe seleccionar a individuos fieles a quienes discipular. Esto significa que debe limitarse a ciertos estudiantes en quienes va a invertir su tiempo, oración, y capacitación. Después que el suficiente entrenamiento haya tenido efecto y ellos estén dirigiendo pequeños grupos de discipulado, el pastor de universitarios debe continuar en estas relaciones en tanto vigila su ministerio. El debe proveer el apoyo continuo que ellos necesitan.

Por otra parte, el pastor de universitarios debe estar llamando a todo el cuerpo al proceso de discipulado. Por supuesto, no todos responderán para ser capacitados o continuarán de la capacitación al servicio, pero sea como fuere todos deben ser llamados para ser capacitados.

Una manera muy eficaz de adiestrar a todo el grupo universitario es ofrecer una clase acerca del discipulado. Esta clase debe impartirse durante la semana de clases y en un horario conveniente para la mayoría de los estudiantes. El pastor de universitarios necesita reclutar personalmente a los estudiantes para que asistan y sean fieles a esta clase. Esto servirá para proveer un repaso de las metas del ministerio universitario y describirá en detalle el proceso de discipulado. La experiencia ha demostrado que esta clase no sólo sirve para adiestrar a los fieles, sino que comienza a formar una visión en los demás para discipular también.

Otro importante resultado de discipular a todo el grupo de estudiantes es que facilita el trabajo del líder de grupo pequeño. ¿Cómo? Si usted sólo capacita a unos pocos estudiantes seleccionados, descubrirá que al principio ellos están llenos de entusiasmo y visión. Sin embargo, sus expectaciones de lo que ocurrirá en sus relaciones de amistad con los que están siendo discipulados y aquellos que no han sido capacitados serán muy diferentes. Usted terminará con muchos líderes de grupo pequeño muy frustrados, y tal vez los pierda debido a su frustración. En vez de sólo capacitar a unos pocos, capacite a todos. Aun si sólo una minoría realmente se convirtiera en líderes de grupos pequeños durante sus días en la universidad, ellos sabrían de todos modos qué esperar en el proceso de discipulado. Ellos irían a sus grupos pequeños con expectaciones claramente definidas en cuanto al compromiso necesario, cómo fluirá el proceso, y cuál será el resultado final. Más importante aun, ellos sabrían cómo deben funcionar en el grupo. Después de ser discipulados usted verá que muchos de estos estudiantes más tarde pedirán servir como líderes de discipulado, aun cuando fueron renuentes al principio.

La experiencia ha mostrado también que esto es sabio. Ofrezca la clase cada período escolar. No permita que un nuevo estudiante del primer año se inscriba en la clase hasta que haya pasado por lo menos una tercera parte o la mitad del año en el ministerio universitario y en un grupo pequeño. La Clase de Discipulado tendrá mucho más sentido para ellos si han pasado un poco de tiempo en el grupo pequeño. Ellos aprenderán mucho más si los retiene por un tiempo.

Pero después usted debe promover vigorosamente la clase. Hágalo cara a cara. Envíeles cartas personales. Use testimonios de aquellos estudiantes que han tomado la clase anteriormente. Sea creativo y persistente.

SELECCIONAR LIDERES DE DISCIPULADO Y SUPERVISAR SU PROGRESO

Esencial para el proceso de discipulado es el reclutamiento, el entrenamiento, y la designación de líderes de discipulado estudiantil. En forma más detallada este proceso será cubierto en los próximos dos capítulos.

En este punto vamos a considerar algunos asuntos. En las primeras etapas de un nuevo ministerio universitario, la meta del pastor de la universidad es consolidar a los estudiantes para el liderazgo en el grupo. Esto aumenta su pertenencia a la fraternidad y es muy valioso para el crecimiento. ¿Pero qué tipo de líder se necesita? Algunos tienden a seleccionar líderes que tienen un enfoque en el ministerio sobre todo el grupo de fraternidad. Son una extensión del papel del pastor del grupo. Un líder general tiene la responsabilidad de dar dirección a todo el ministerio universitario.

Se recomienda que los primeros líderes estudiantiles seleccionados en un ministerio universitario nuevo o pequeño lo sean de discipulado. Un pastor de universitarios puede continuar proveyendo la dirección general de un grupo pequeño universitario. Seleccionar rápidamente líderes estudiantiles de discipulado reproduce el ministerio, y más crecimiento probablemente resultará de líderes de discipulado que de líderes estudiantiles en general.

El líder estudiantil de discipulado es el líder clave, no importa cuán nuevo o viejo, grande o pequeño sea el ministerio universitario. Otros tipos de papeles de liderazgo vienen y van en el ministerio universitario, pero el líder de discipulado es esencial en todo momento. Cuando su papel es desvalorizado o disminuido, el ministerio universitario comenzará a sufrir; aunque no inmediatamente, en uno o dos años con seguridad.

El pastor de universitarios debe asegurar que estos líderes sean cuidadosamente seleccionados, profundamente capacitados, y cuidados luego de manera continua. Cuando un ministerio universitario crece a más de 40 estudiantes en grupos pequeños, usted podría considerar la utilización de estudiantes que han probado ser eficaces en el discipulado para servir como líderes de los líderes de grupos pequeños. Más allá del pastor de universitarios, el líder estudiantil de discipulado puede necesitar que otros estudiantes lo apoyen en su función ministerial. Algunos grupos universitarios han llamado Líder de Recursos a este especialista de discipulado estudiantil. (En los apéndices se provee una descripción de trabajo para este líder.)

El desarrollo de un ministerio estudiantil de discipulado es un proceso continuo, especialmente dentro de la universidad. Con los constantes cambios en la afiliación, la necesidad de seleccionar, capacitar, y supervisar es continua. No dar mayor atención a este proceso por siquiera un año escolar puede tener serias repercusiones más adelante. Hay algunas cosas principales que obran en su contra en este proceso. Varios aspectos en el discipulado son completamente contrarios a la cultura de la universidad. La falta de compromiso, de responsabilidad y de madurez son un área que representa obstáculos para desarrollar líderes de discipulado. A causa de estos factores, y de otros, el proceso de discipulado puede ser frustrado.

Por otra parte, es el corazón de la Gran Comisión. Jesús la inauguró y luego la ordenó. El todavía está comprometido a verla alcanzada. Usted sabe que se está moviendo dentro de la voluntad del Señor cuando se entrega al discipulado. Sólo asegúrese de discipular fiel y virgorosamente cada año escolar. También descanse seguro de que Jesús lo equipará y cambiará el corazón de los estudiantes renuentes para ver la Gran Comisión realizada en su universidad.

SELECCIONANDO A LIDERES
DE DISCIPULADO

El ministerio universitario tenía sólo unos meses de antigüedad, pero gracias a Dios tuvo un buen comienzo. El pastor de universitarios y su esposa pudieron comenzar (entre ellos) tres grupos pequeños de discipulado con cuatro o cinco estudiantes en cada grupo. Un mes antes de los exámenes finales del semestre de otoño, se hizo un retiro de fin de semana con la asistencia de la mayoría de los estudiantes. En el retiro se trató del proceso de discipulado.

Después de mucha oración, el pastor de universitarios fue a la siguiente reunión semanal principal listo a desafiar al nuevo grupo a convertirse en un ministerio universitario discipulador comprometido. Se utilizó esa noche para meditar en el retiro y las reacciones personales de los estudiantes. Después el pastor preguntó: "¿Deseamos convertirnos en ese tipo de ministerio?" Después de una seria contemplación el consenso fue "sí".

El pastor les dijo que el próximo paso lógico era seleccionar y capacitar a los estudiantes para dirigir a los grupos pequeños existentes. El entonces explicó específicamente el nivel de compromiso necesario para ser un líder de grupo pequeño de discipulado. Entre dirigir al grupo pequeño, preparar para el grupo pequeño, y la reunión de liderazgo para capacitar y supervisar, las reuniones semanales principales, la asistencia a la iglesia local los domingos, y los momentos uno a uno con los miembros del grupo pequeño, se necesitarían por lo menos 15 horas a la semana.

Luego el pastor dijo: "Aceptaré solicitudes para entrevistar respecto de estos puestos de liderazgo. No pidan una entrevista si saben que no pueden satisfacer todos los requisitos necesarios para dirigir. Si por alguna razón (como un trabajo temporal, excesivo trabajo escolar) no pueden cumplir con todas las exigencias, entonces no soliciten el puesto. Su solicitud presume su disposición a hacer lo que sea necesario para ser un discipulador eficaz."

Hubo unos veinte estudiantes en el grupo universitario esta vez. Fue un acto de fe pedir ese tipo de compromiso desde el comienzo. Algunas personas tal vez digan: "Comience pequeño y luego crezca". Douglas Hyde en su citado libro, apoya el desafiar a las personas a una acción grande y significativa: "Si hace exigencias pequeñas y mediocres a las personas, usted obtendrá una mediocre y pequeña respuesta, que es lo que merece; pero si hace grandes exigencias sobre ellos, usted obtendrá una respuesta heroica ... fúndese en la suposición de que si usted habla de grandes sacrificios la gente responderá a esto, y por otra parte, los relativamente pequeños sacrificios vendrán con completa naturalidad." Los veinte estudiantes tuvieron una semana de oración para considerar y responder si a ellos les gustaría incorporarse al grupo. Este fue un momento muy importante para el futuro de esta novata comunidad.

Asombrosamente, catorce de los veinte fueron entrevistados, y de estos, cinco fueron confirmados al liderazgo. Cada uno de estos cinco estuvieron resueltos a dirigir. Cada uno de ellos decidió reducir sus cargas escolares en una clase con el propósito de estar más libre para el discipulado. Cada uno de ellos cumplieron los requisitos mínimos determinados y todos hicieron un gran trabajo de liderazgo. Desde ese punto y por más de diez años este grupo universitario ha tenido una continua provisión de comprometidos discipuladores de grupos pequeños. Los requisitos, aunque deben ser indicados, no necesitan ser subrayados, porque todos han visto el compromiso de su líder de grupo pequeño cuando todavía eran miembros del mismo. Se ha establecido una pauta y se está reproduciendo año tras año.

CUALIDADES ESENCIALES DE UN DISICIPULADOR

¿Qué criterio usa usted al seleccionar un discipulador de grupo pequeño? Obviamente, es un asunto de oración sincera y de discernir la voluntad de Dios, pero ¿qué debe orar? ¿Cuáles son los fundamentos que espera ver en estos líderes estudiantiles? A esto se responde en detalle en los *Apuntes del estudiante*, Lección 12. Se explica en la *Estructura de discipulado* en el capítulo 1, "Fundamentos del discipulado".

Busque estos cinco fundamentos:

1. un estudiante que se está desarrollando en piadoso carácter

2. un estudiante que tiene corazón de pastor

3. un estudiante que exhibe visión para el ministerio

4. un estudiante lleno de fervor por el Señor y comprometido de todo corazón a Jesús

5. un estudiante que tiene una medida de habilidades ministeriales

Más a menudo elevamos las habilidades ministeriales en los posibles líderes de discipulado a una importancia principal. Buscamos la habilidad para dirigir la adoración, dirigir un estudio bíblico, y orar con otros. Sin embargo, es mejor buscar evidencias de los cuatro primeros fundamentos. Estos son asuntos que demandan crecimiento en santidad. Estos son el tipo de estudiantes que usted desea que influyan en otros estudiantes. Las habilidades ministeriales pueden ser enseñadas. Nuestra recomendación es buscar primero las cualidades interiores antes que las habilidades exteriores.

EL PROCESO DE ENTREVISTAS

Alguien comentó una vez: "¿Por qué pasar por todo el problema de entrevistar? ¿Por qué no podemos sólo escogerlos?" Hacer que el pastor de universitarios nombre personalmente a los líderes de discipulado sería más fácil y rápido, pero de nuevo debemos recordar que el discipulado es un proceso. Hay factores importantes implícitos en una entrevista y en un proceso de selección que son sanos para quienes están siendo entrevistados y para todo el grupo universitario. Estas son algunas etapas sugeridas para el proceso de entrevistas:

1. DEFINA CLARAMENTE LA RESPONSABILIDAD

Asegúrese de que el estudiante tenga un claro entendimiento de la responsabilidad que está solicitando. Se debe tener disponible una descripción del trabajo. (Se ofrece un ejemplo en los apéndices.) Debe bosquejar claramente las expectaciones y cualidades necesarias para servir. Trate de no asumir nada. Esto ayudará a prevenir malentendidos y la desilusión más adelante.

2. INVITE A LOS ESTUDIANTES A LA ENTREVISTA

Los estudiantes necesitan una oportunidad de orar sobre este asunto, y luego afirmarse para servir. Esto los ayuda a tomar en cuenta el costo del discipulado. Cuando ellos piden ser entrevistados, normalmente es una indicación de que han tomado este asunto seriamente. A veces el pastor tendrá unos pocos estudiantes en mente que él cree que serían buenos discipuladores. El pastor debe sentirse libre de hablarles acerca de la entrevista—no para tratar de forzarlos, sino para hablarles de convertirse en un discipulador y lo que esto puede significar para ellos. Aquellos que antes han servido como líderes de grupo pequeño (LGP) deben pedir ser entrevistados de nuevo. Esto provee un repaso para ellos que puede ser muy útil. También da a usted la oportunidad de tratar cualquier preocupación que tiene con el liderazgo de este estudiante.

3. ESTABLEZCA UN FORMATO DE ENTREVISTA

Usted deseará asegurar que este proceso sea imparcial. En un ministerio universitario que recién comienza el pastor podría necesitar seleccionar el primer grupo de líderes de grupos pequeños de discipulado (como se hizo en la ilustración anterior). Esto no es lo ideal, pero podría ser necesario la primera vez. Si es posible, busque uno o dos que puedan ayudarlo en la entrevista. Las posibilidades pueden incluir a un pastor asociado de una iglesia local, un laico maduro que tiene antecedentes en el ministerio universitario, o un estudiante graduado que tal vez no tenga tiempo para dirigir un grupo pequeño, pero que es un creyente maduro y que podría unirse a la comisión para las entrevistas.

En un ministerio universitario que tiene líderes estudiantiles, utilice a algunos de ellos en su comisión de entrevistas. Pida a aquellos que parecen tener bien claros en su mente los conceptos del discipulado y que fueron eficaces en la dirección de sus grupos pequeños. Muchos grupos universitarios usan las últimas tres o cuatro semanas de clases del año con el propósito de hacer sus entrevistas para el siguiente año escolar. Si se hace esto, entonces los líderes estudiantiles que están terminando un año de servicio tendrán ideas frescas y preguntas que hacer a los posibles líderes. Esto da también a los nuevos líderes las vacaciones de verano a fin de prepararse para el siguiente año.

Sería útil desarrollar un formulario de entrevista que su comisión pueda usar. Esto proveerá uniformidad en las preguntas. Siéntase libre de hacer preguntas que serían singulares para la persona que está ante usted. Se provee un ejemplo de formulario para una entrevista. La mayoría de las entrevistas toman entre 20 y 30 minutos. Es bueno orar con cada persona entrevistada antes que se vaya. Esto da a la comisión una oportunidad inmediata de bendecir a Dios por lo que ha hecho en la vida del estudiante. Este proceso completo pretende ser una experiencia edificante para el estudiante, no una inquisición.

4. FOMENTE INTEGRIDAD EN LA COMISION DE SELECCION

Esta es una sugerencia. Pida a los miembros de la comisión que no discutan ninguna de las entrevistas unos con otros hasta que la comisión se reúna de nuevo. Conceda de entre cuatro días a una semana después de la última entrevista, para que los miembros de la comisión oren y piensen en las entrevistas. Cuando toda la comisión se reúna después del descanso, permita que hagan una votación de cada persona antes de que discutan cualquiera de las entrevistas. Sólo después de esto discutirán las entrevistas como comisión.

En este punto, sin embargo, discutan todas las entrevistas. Aquellas que ustedes confirman unánimemente deben ser discutidas para ver por qué los miembros de la comisión las apoyan. Lo mismo debe hacerse con quienes no fueron apoyados unánimemente. Aquellos con votos divididos deben ser discutidos, y luego se debe tomar una decisión en cuanto a qué rumbo se debe seguir. ¿Deben ser confirmados o retenidos por un tiempo? Los detalles de estas discusiones deben permanecer en confidencia entre los miembros de la comisión y no hacerse de público conocimiento.

5. DE UNA CONTESTACION A TODOS LOS QUE FUERON ENTREVISTADOS

Ahora que se han hecho las selecciones, es importante ir a cada estudiante entrevistado y discutir con ellos las reflexiones de la comisión de selección. Aquellos que son confirmados para servir necesitan saber qué consideró la comisión como sus puntos fuertes. Esta es una gran oportunidad para bendecir a Dios por lo que ha hecho en una persona. Sin dudas habrá algunas áreas de preocupación, aun para un estudiante que ha sido confirmado. Aquí usted puede destacar dónde necesita haber un crecimiento espiritual, emocional, o de conducta. Como puede ver, este mismo proceso puede servir como un proceso de discipulado para todos los que fueron entrevistados.

Todos aquellos que no fueron confirmados necesitan recibir una contestación también, tal vez más que aquellos que fueron confirmados. Para aquellos que temen el conflicto, esto puede ser un proceso intimidante. En la mayoría de los casos, sin embargo, es un tiempo especial para específicamente amar a una persona y llamarla al crecimiento en Cristo. La contestación casi siempre es apreciada. Sólo aquellos que se sienten muy inseguros pueden tener dificultad con la evaluación, pero esto mismo puede ser un proceso sanador para ellos si los encara con amor e interés. Normalmente sólo una persona debe dar la contestación. Cualquier miembro de la comisión puede hacerlo. Sin embargo, puede ser más apropiado que el pastor de universitarios dé la contestación a aquellos no confirmados. Esto puede requerir la persona con mayor madurez. Usted no sólo puede dar la contestación, sino que también puede dar sugerencias y apoyo en amor a aquellos que fueron entrevistados acerca de cómo pueden crecer en Cristo.

6. COMISIONE ANTE TODA LA FRATERNIDAD A LOS CONFIRMADOS

En la última reunión principal del año, o en una de las primeras reuniones del nuevo año escolar, dedique tiempo para llamar ante toda la fraternidad universitaria a cada uno de los que van a servir como líder de grupo pequeño de discipulado. En este punto ore y comisiónelos a la tarea ante usted. Permita que todo el grupo participe en este proceso.

Para entonces el estudiante se ha confirmado a sí mismo al pedir ser entrevistado. Ellos han sido afirmados por los líderes maduros en el grupo. Han sido confirmados por el grupo a través de la oración. Y obviamente, todos han estado orando durante este tiempo por la dirección del Señor. Por lo tanto, el estudiante comienza a servir sabiendo que todos lo están apoyando. Para un nuevo líder (así como también los líderes antiguos) este apoyo y confirmación significa mucho. Esto tiene por objetivo darles un fuerte impulso de confianza al comienzo.

En el ministerio universitario de esta ilustración, varios estudiantes han comentado, después de la graduación y de salir de la universidad, que el proceso de entrevistas fue muy valioso para ellos. No solamente tuvo directo efecto sobre su desarrollo espiritual, sino que también los preparó para el mundo que debían enfrentar después de terminar los estudios académicos. Muchos se entrevistaron para diversas carreras y descubrieron que estaban bien preparados para esta nueva etapa en su vida. El discipulado es un proceso que edifica a las personas no sólo espiritualmente, sino en muchas otras maneras también.

SUPERVISANDO A LOS LIDERES DE DISCIPULADO

Hará dos siglos que se tenía la opinión de que Dios era como un Maestro Relojero. El creó un gran reloj azul y dijo que era bueno, y le dio el nombre de tierra. Según esta opinión, el Maestro Relojero luego dio cuerda a este reloj azul y partió a lugares desconocidos en el universo (presumiblemente para hacer más relojes). Esta opinión afirmaba a Dios como Creador, pero lo veía como transcendente, y distante de su creación—un Dios ausente.

A veces este escenario puede verse por analogía en un ministerio. Los líderes estudiantiles pueden ser bien capacitados y luego comisionados. Ellos han pasado todos los requisitos para servir como líderes de discipulado. Se les ha señalado un puñado de estudiantes y se les ha dicho: "Id, haced discípulos". Ellos van, pero poco después comienzan a sentirse cargados y más tarde abrumados. Se sienten responsables y abandonados. Así es como usted los encuentra sentados en su oficina y explicándole por qué deben renunciar al liderazgo.

En la Gran Comisión, Jesús culminó con estas palabras: "y he aquí yo estoy con vosotros todos los días, hasta el fin del mundo". Pero nosotros no somos como Jesús. No podemos estar con los líderes estudiantiles todo el tiempo. Por lo tanto, necesitamos darles el apoyo y la continua capacitación que necesitarán para llevar a cabo sus responsabilidades. Estos nuevos líderes están experimentando cosas en su caminar cristiano que nunca antes habían enfrentado. Por primera vez ellos están desempeñando algunas habilidades ministeriales y hallando necesidades en las personas con las que nunca antes habían tratado. Sienten una distancia entre ellos y los miembros del grupo pequeño que nunca sintieron cuando eran miembros.

Ellos encontrarán más altos niveles de lucha espiritual. Tendrán buen éxito, pero deberán lidiar con la hidra del orgullo. A su idealismo le será asestado un golpe desde el realismo de su nueva situación. Si no tienen un líder maduro que les sirva de asesor, alguien que puede ayudarlos con sus problemas, alguien que cuide de sus necesidades personales y que perfeccione sus habilidades para permitirles ser aun más eficaces, entonces su visión eventualmente se desvanecerá. Ellos podrían desilusionarse y desalentarse pensando si deberían haber sido nombrados discipuladores.

EL PAPEL DEL PASTOR DE UNIVERSITARIOS EN LA SUPERVISION

Ahora el pastor está cumpliendo importantes papeles en el proceso de discipulado en tres diversos niveles:

1. Desafiando a todo el grupo al discipulado, edificando una visión en ellos, y proveyendo la capacitación para todos

2. Equipando a algunos con el propósito de prepararlos para la tarea de discipular

3. Supervisar a aquellos que ya están dirigiendo para mantenerlos sanos y alentados

En cuanto a este tercer nivel de supervisión, hay tres áreas de supervisión que pueden ser provistas:

1. CUIDADO PASTORAL

Este es un cuidado individual para el líder de discipulado. Su propia vida personal continúa. Ellos enfrentan nuevos desafíos en sus estudios académicos. A menudo están formando relaciones importantes que demandan compromisos de mucho tiempo. Los asuntos familiares, las presiones financieras, y una mayor presión están entre los asuntos que enfrentarán. Sin duda ellos compartirán muchas de estas cosas con su grupo pequeño. Sin embargo, muchos de los estudiantes pueden ser muy jóvenes en el Señor. Aunque no es falta de nadie, el líder estudiantil puede sentir que no tiene apoyo, dentro de su grupo pequeño, inclusive. Es muy importante que el pastor pase tiempo con los líderes individualmente, hablando con ellos acerca de lo que están haciendo aparte de su obra en el discipulado. Asegúrese de que sepan que son tan importantes como el ministerio de ellos.

2. CONTINUAR CAPACITANDO

Es imposible anticipar todos los asuntos que un discipulador enfrentará al comenzar a dirigir. Lo teórico está siendo reemplazado por lo real. Durante este tiempo ellos necesitan el valioso discipulado del pastor del campus. Hable sobre las situaciones que están encarando, discutan juntos respecto de cómo pueden responder. Al hacerlo, usted les estará enseñando cómo hacer frente al ministerio. Comenzarán a entender más el proceso de discipulado conforme usted pasa tiempo con ellos. También puede reunir a todos los líderes de discipulado y enseñar varias habilidades o redefinir algunas que ya fueron enseñadas. Prevéales con material de lectura acerca del desarrollo del líder. Ellos están en una maravillosa posición para aprender y crecer. Antes, usted les estaba dando todas las respuestas. Ahora, ellos están aprendiendo todas las preguntas. Están en el momento perfecto para integrar la filosofía del ministerio con la práctica en este.

3. EVALUACION DEL MINISTERIO DE DISCIPULADO

El ministerio es algo muy difícil de evaluar. ¿Fue una buena enseñanza o no? ¿Hizo un buen trabajo o no al dirigir la adoración? ¿Un buen trabajo de consejería o no? Estas preguntas acosan a todo ministro, y son aun mayores en el nuevo líder estudiantil. Ellos se sienten inseguros y necesitan una respuesta honesta y positiva. Un forma de hacerlo es ayudarlos a aprender cómo hacer una buena autoevaluación. Adjunto se encuentra un ejemplo de hoja de evaluación para una reunión de grupo pequeño. Haga que el líder de discipulado la llene regularmente. Esto lo ayudará a conocer qué tipo de preguntas hacerse a sí mismo. También destacará lo que él necesita mejorar. Repase luego estos formularios con el líder estudiantil.

Sea cuidadoso en observar la regla tres por uno: dé tres comentarios de afirmación por cada comentario de corrección. Esta regla no sólo aplica a los nuevos líderes sino que es valiosa para su pastor en su iglesia local también. La evaluación es sólo valiosa cuando se escucha. Si los líderes saben que lo único que tendrán son críticas de corrección, probablemente evitarán las oportunidades de ser evaluados.

ESTRUCTURAS DE SUPERVISION

Estas son algunas sugerencias para ayudar a estructurar un ministerio para el discipulado. Como se indicó en el capítulo sobre la entrevista, es útil hacer este proceso al final del año escolar. Entonces durante el verano, el pastor del campus puede permanecer en contacto con ellos. Será un buen tiempo para darles una lista de materiales de lectura que los ayudará a prepararse para el siguiente año. Durante el verano, o antes mismo de comenzar el primer período, tenga un retiro de un día para los líderes de discipulado solamente. Allí usted puede orientarlos en el horario para el otoño y repasar las habilidades esenciales y metas correspondientes a las primeras seis semanas de clases. También es valioso para ellos ponerse en contacto de nuevo unos con otros. Pudieron haber tenido un verano difícil y ocupado, y un tiempo juntos de refrescante adoración y oración será muy alentador.

Durante el año escolar, usted supervisa las necesidades uno a uno y para los líderes de grupo. Los momentos de uno a uno sirven mejor para el cuidado y la afirmación personal. Los tiempos en grupo ayudan más a la capacitación continua. Determine con qué regularidad es más factible que se reúnan según la situación de su grupo. Usted necesita estar al tanto de sus líderes para verdaderamente proveer una buena supervisión.

Esta es una observación—En un ministerio universitario con ocho o menos líderes de discipulado, haga que todos estén presentes en sus reuniones de liderazgo. Si usted tiene más de ocho, probablemente será mejor dividirlos en subgrupos de líderes (tal vez grupos de hombres y de mujeres). En este punto usted necesitará ayuda adicional para proveer supervisión. Algunos ministerios universitarios podrían agregar un individuo al personal para compartir su responsabilidad mientras coordinan líderes de discipulado. En muchos otros casos usted necesitará utilizar a líderes estudiantiles maduros que han tenido experiencia en dirigir. Ellos podrían coordinar un grupo más pequeño de líderes (entre tres y seis), y luego reportarse al pastor del campus. Algunos grupos universitarios llaman a estos grupos de liderazgo más pequeños Grupos de Recurso, y a su coordinador Líder de Recurso.

Una última cosa: Es importante reconocer los esfuerzos de los líderes estudiantiles. En un momento apropiado durante el año, tal vez al final del año escolar, idee alguna forma de demostrar aprecio a estos líderes por su servicio. Dé honor a quien honor merece, porque estos estudiantes deben ser honrados. Esto será un aliento para los líderes y demostrará a toda la fraternidad que responder y servir en esta capacidad es altamente estimado. También puede fomentar mayor deseo en los demás de seguir su camino.

APUNTES DEL LIDER
Y
APUNTES DEL ESTUDIANTE

APUNTES DEL LIDER PARA LA LECCION 1 UN FUNDAMENTO BIBLICO Y FILOSOFICO DEL DISCIPULADO

Objetivos de esta lección:

- Introducir al estudiante a la filosofía del ministerio "Chi Alpha", principalmente enfocándose en la formación de una comunidad universitaria.

- Explicar al estudiante dónde encaja el discipulado en un ministerio universitario completamente desarrollado.

- Enseñar al estudiante la centralidad del proceso de discipulado en el cumplimiento de la Gran Comisión.

- Subrayar que el discipulado es un proceso y no un programa.

- Explicar al estudiante que el discipulado necesita ser estratégicamente comunicado.

- Demostrar la naturaleza transgeneracional del discipulado y subrayar 2 Timoteo 2:2 como el pasaje central.

I. La filosofía de ministerio de Chi Alpha

En este punto usted podría entregar la copia de *La filosofía de ministerio Chi Alpha* que se incluye en el apéndice.

A. La comunidad tiene tres características principales:

1. Proximidad

Animar a las personas a vivir cerca unos de otros, puede ser una gran ayuda para el desarrollo de una comunidad. Muchas veces en la historia la iglesia ha recurrido a las comunas. El intento es promover comunidades con pureza como su propósito y dar un testimonio unificado como su meta. La cercanía es valiosa para construir una comunidad (tener estudiantes concentrados en unos complejos de dormitorios puede ser una gran ayuda), sin embargo esto no garantiza que habrá una comunidad.

2. Relaciones de amistad

Considerando que la proximidad se enfoca en la frecuencia de estar juntos, una comunidad efectiva se enfoca en cuán unidas son las personas. La calidad y profundidad de compartir tiene una mayor fuerza sobre la comunidad que la mera asociación.

UN FUNDAMENTO BIBLICO Y FILOSOFICO DEL DISCIPULADO

I. Nuestra filosofía de ministerio para el ministro a universitarios

A. Comunidad

> Nuestra meta es convertirnos en una "comunidad" de estudiantes dentro de la universidad. Nosotros damos alta prioridad al reunirnos como un grupo dispuesto para las actividades bíblicamente ordenadas. Dios quiere que alcancemos una mayor comprensión de El mediante la vital interacción en el cuerpo de Cristo.

> Esto significa que sólo cuando estamos en el contexto de una "comunidad" podemos experimentar completamente lo que Dios tiene para nosotros. Sólo en el cuerpo los dones del Espíritu Santo pueden encontrar sentido e identificarse mejor los diversos ministerios. Sólo cuando ellos son reconocidos por la comunidad la ancianidad y la responsabilidad pueden ser importantes componentes para la vida de cada creyente. Los estudios bíblicos a solas y esporádicos no son suficientes para un crecimiento en Cristo completo y balanceado. Lo que se necesita es un cuerpo en completa operación con liderazgo, entrenamiento, adoración, compañerismo, y evangelismo.

B. Ingredientes clave para la comunidad

1. Confirmación

> No hay nada que usted haya hecho o que haga que me prive de amarlo. Tal vez yo no esté de acuerdo con sus acciones, pero lo amaré como persona y haré todo lo que pueda para sostenerlo en el amor de Dios.

2. Disponibilidad

> Todo lo que tengo—tiempo, energía, comprensión, posesiones—está a disposición de usted si lo necesita, hasta el límite de mis recursos.

3. Oración

> Me comprometo a orar por usted en una forma regular, creyendo que nuestro amoroso Padre desea que sus hijos oren unos por otros y pidan a El las bendiciones que ellos necesitan.

"Bueno, Sr. Guzmán, basado en mis investigaciones he concluido que su falta de movilidad surge del hecho de que usted no tiene cuerpo."

3. Enfoque

Cada comunidad debe tener un enfoque o razón de ser. Para los cristianos su enfoque debe estar en Cristo. Si esto no ocurre, esos cristianos se reúnen meramente para crear un lazo social.

B. Ingredientes clave para la comunidad

Estos ocho ingredientes clave hacen una excelente declaración de pacto para un grupo pequeño de discipulado. Una copia de esto en un formato de pacto se incluye en un apéndice.

D. La filosofía cuádruple de Chi Alpha

Los no-creyentes a menudo son atraídos a una comunidad de personas que comparten estos tres compromisos básicos:
- compromiso con el Dios de la Biblia
- compromiso de unos con otros
- compromiso con la tarea de evangelizar la universidad

1. Los fundamentos bíblicos para la filosofía cuádruple

Las palabras itálicas destacan los cuatro aspectos de la filosofía cuádruple de Chi Alpha:

doctrina .... discipulado
comunión .... comunión
partimiento del pan ... comunión
oración .... adoración
unánimes .... comunión
partiendo el pan .... comunión
juntos .... comunión
alabando a Dios .... adoración
el Señor añadía .... testimonio

4. Apertura

Prometo esforzarme por llegar a ser una persona más abierta, revelando de la mejor manera que pueda mis sentimientos, mis luchas, mis alegrías, y mis penas. Esto es una confirmación del valor que usted tiene para mí como persona. En otras palabras, ¡yo lo necesito!

5. Honestidad

Deberé tratar de demostrarle que estoy atento a lo que usted dice y siente. Si esto significa arriesgar dolor, para cualquiera de los dos, confiaré lo bastante en nuestra relación de estrecha amistad para tomar ese riesgo, estando consciente de que es necesario que "siguiendo la verdad en amor, crezcamos en todo en aquel que es la cabeza, esto es, Cristo" (Efesios 4:15).

6. Sensibilidad

Aun cuando deseo que usted me conozca y me comprenda, me comprometo a ser sensible a sus necesidades lo mejor que pueda. Trataré de escucharlo, observarlo, experimentar su posición y sacarlo del pozo del desánimo o del abandono.

7. Confidencialidad

Prometo mantener en confidencia cualquier cosa que usted y yo hayamos compartido a fin de crear la atmósfera de confianza necesaria para la apertura.

8. Responsabilidad

Soy responsable ante su persona de llegar a ser lo que Dios me ha designado que sea en su amorosa creación.

C. Se expresa vida en comunidad

Como usted puede ver de los ingredientes para una comunidad, la vida del cristiano en comunidad es definida primero por la calidad de relaciones de amistad entre amigos cristianos, y en segundo lugar por donde vivimos. La vida en comunidad no demanda que vivamos juntos (y la comunidad no está garantizada aun si vivimos bajo el mismo techo). Pero donde sea posible vivir próximos, se debe buscar cada oportunidad para ayudar al desarrollo de una comunidad con un estilo de vida cristiano.

D. La filosofía cuádruple del ministerio universitario Chi Alpha

1. Los fundamentos bíblicos de la filosofía cuádruple

"Y perseveraban en la *doctrina* de los apóstoles, en la *comunión* unos con otros, en el *partimiento del pan* y en las *oraciones* ... Y perseverando *unánimes* cada día en el templo, y *partiendo el pan* en las casas, comían *juntos* con alegría y sencillez de corazón, *alabando a Dios,* y teniendo favor con todo el pueblo. Y el *Señor añadía* cada día a la iglesia los que habían de ser salvos" (Hechos 2:42, 46, 47 el énfasis fue agregado).

2. Enfoque de la filosofía cuádruple: Completo crecimiento cristiano

Cada aspecto (adoración, comunión, discipulado, y testimonio) produce salud y crecimiento tanto para el creyente individual como para el cuerpo de Cristo. Cada uno de nosotros, al dar continuamente atención a estos aspectos durante toda nuestra vida, mientras estamos en una comunidad cristiana responsable, hará que nos mantengamos en el camino angosto que conduce al hogar de nuestro Padre.

3. Estrategia para implementar la filosofía cuádruple

"Nuestra principal estrategia es trabajar siempre en la formación de un grupo o comunidad de personas que comparten los ideales de llegar a ser una comunidad de *adoración*, una comunidad de *comunión*, una comunidad de *discipulado*, y una comunidad de *testimonio*. Creemos que la atmósfera más fértil para que las personas lleguen a la fe y madurez en Cristo, es exponerlas cálidamente a un grupo de personas fervientemente comprometidas con el Dios de la Biblia, unos con otros, y a la tarea de evangelizar la universidad. Como una comunidad que adora, ama, discipula, y testifica, ellos demuestran el reino de Dios y educan más efectivamente a otros respecto al mismo" *(Filosofía de Chi Alpha)*.

II. Nuestro énfasis particular está en el discipulado

A. Cristo demanda que nosotros discipulemos a las naciones.

"Y Jesús se acercó y les habló diciendo: Toda potestad me es dada en el cielo y en la tierra. Por tanto, *id*, y *haced discípulos* a todas las naciones, *bautizándolos* en el nombre del Padre, y del Hijo, y del Espíritu Santo; *enseñándoles* que *guarden* todas las cosas que os *he mandado*; y he aquí yo estoy con vosotros todos los días, hasta el fin del mundo. Amén" (Mateo 28:18-20).

"Pero recibiréis poder, cuando haya venido sobre vosotros el Espíritu Santo, y me seréis testigos en Jerusalén, en toda Judea, en Samaria, y hasta lo último de la tierra" (Hechos 1:8).

La extensión de la demanda:

1) *Propósito:* "haced discípulos a todas las naciones"

2) *Programa:* "enseñándoles que guarden todas las cosas que os he mandado"

3) *Provisión:* "pero recibiréis poder cuando haya venido sobre vosotros el Espíritu Santo"

4) *Promesa:* "Y he aquí yo estoy con vosotros todos los días, hasta el fin del mundo".

QUE NO HAYA ERROR EN ESTE PUNTO

El discipulado es una tarea que requiere mucho más que simples programas o técnicas. ¡El discipulado en todo tiempo requiere del poder y de la presencia de Jesús por medio del Espíritu que mora en nosotros!

B. Cristo confió el reino de Dios ...

Algunas preguntas para la discusión:

P: "¿Qué es lo que nosotros en la iglesia de hoy tenemos que la iglesia primitiva no tenía?"

R: Himnarios, edificios, coros, biblias, medios de comunicación, imprentas, personal remunerado...

P: "¿Qué es lo que nosotros tenemos (o podríamos tener) hoy que ellos sí tuvieron en la iglesia primitiva?"

R: Como sabemos en Hechos 2, ellos se tenían unos a otros y la habilidad de adorar y compartir al Señor mutuamente. Ellos tuvieron la clase de relación descrita en los ingredientes clave para la comunidad. El reino de Dios es un reino de personas cambiadas y transformadas que comparten al Señor entre sí y con el mundo.

Por lo tanto, el discipulado es relaciones edificadas en Jesús.

III. Una declaración de resumen

Gran parte de este material es cubierto en el capítulo 4: "Discipula al fiel" de la *Estructura de discipulado*. Es muy importante enfatizar lo siguiente en este punto:
1. La definición de fiel
2. La naturaleza transgeneracional del discipulado
3. Discipula al fiel, pastorea al infiel

En contraste, un versículo acerca de la infidelidad lo hallamos en Proverbios 25:19: "Como diente roto y pie descoyuntado es la confianza en el prevaricador en tiempo de angustia."

El material entregado en "III. Una declaración de resumen" es de lo más importante en toda la clase. Cúbralo bien.

B. Cristo confió el reino de Dios a los hombres que El discipuló. El no escribió un libro sagrado, ni dejó un manual, ni un memorandum de órdenes, sólo entrenó, cambió, y autorizó a hombres a continuar su misión—salvar al mundo.

C. Cristo demostró que el discipulado debe ser encauzado en forma personal y de relación y no en un modo estático educativo.

Esto llama a la participación directa y personal del discipulador en la vida de aquellos que están siendo discipulados. "No me elegisteis vosotros a mí, sino que yo os elegí a vosotros, y os he puesto para que vayáis y llevéis fruto, y vuestro fruto permanezca ... Esto os mando: Que os améis unos a otros" (Juan 15:16, 17).

"Es nuestra convicción que el discipulado es mejor cumplido en un contexto donde se relacione el creyente maduro que ayuda a nutrir a los miembros más jóvenes de la comunidad" *(Filosofía de Chi Alpha).*

III. Una declaración de resumen

El formar discípulos no es algo que ocurre, sino un proceso muy deliberado y específico que requiere de estrategia, tiempo, y oración. Es este proceso por el cual los cristianos que están creciendo imparten a los nuevos creyentes, en el contexto de una relación personal, su conocimiento y sus experiencias en el Señor Jesús. Por medio de este proceso se da a cada miembro el conocimiento básico y las habilidades necesarias para crecer hacia la madurez en Cristo y estar equipado para la obra del ministerio (Efesios 4:11-16).

Nosotros deseamos seguir las instrucciones de Pablo a Timoteo: "lo que has oído de mí ante muchos testigos, esto encarga a hombres fieles que sean idóneos para enseñar también a otros" (2 Timoteo 2:2). En esta forma nosotros perpetuamos un continuo desarrollo de líderes maduros para la obra de Cristo aquí en nuestro ministerio universitario, después en nuestra ciudad, nuestro país, por medio de nuestros esfuerzos misioneros, alrededor del mundo.

IV. Los propósitos del discipulado en el ministerio universitario

A. Proporcionar a todos los estudiantes ocupados en este ministerio un discipulador espiritual/pastoral para el crecimiento y la nutrición cristianos.

B. Proporcionar a cada estudiante un grupo de compañeros en el que pueden compartir mutuamente el amor de Dios unos con otros.

C. Proporcionar una experiencia de aprendizaje en la práctica de la fe cristiana.

D. Crear una atmósfera que desarrolle liderazgo entre los estudiantes para la obra del reino de Dios.

E. Proveer para el continuo desarrollo de un ministerio transgeneracional en la comunidad universitaria.

2 TIMOTEO 2:2 PARA TODO EL MUNDO

...Y CUANDO HAYA ELEGIDO UN ESTANQUE DE AGUA APROPIADO, ASEGURESE EXAMINAR EL HORIZONTE POR GRANDES MAMIFEROS CARNIVOROS CONOCIDOS COMO LEONES. LOS LEONES SON NATURALMENTE AGRESIVOS, Y SE IDENTIFICAN FACILMENTE POR SU...

Ojalá los padres de Bartolo hubieran reconocido el valor de la instrucción con experiencia práctica y participación del estudiante.

"Está bien, nuestra congregación carece de un poco de madurez. Pero todos estamos perfectamente sanos".

El discipulado es relaciones

APUNTES DEL LIDER PARA LA LECCION 2
EL METODO DEL MAESTRO I:
METODO, SELECCION, Y ASOCIACION

Objetivos para esta lección:

- Demostrar que el discipulado tiene un impacto de lo local a lo global.
- Mostrar que el discipulado fiel en un ambiente universitario producirá discípulos en todo el mundo.
- Jesús consideró su misión como el evangelismo mundial y El cumplió esto a través de su fiel discipulado.
- Destacar que la selección es esencial para el método de discipulado de Jesús.
- Destacar que la asociación es la clave para el método de discipulado de Jesús.

I. La importancia del método

Preguntas para la discusión:

P: Jesús tenía la misión de salvar al mundo. Durante su ministerio El nunca salió de un área geográfica más grande que el estado norteamericano de New Jersey. ¿Cumplió El su meta de salvar al mundo? Si fue así, ¿de qué forma lo hizo?

P: ¿Qué quiere Coleman decir cuando afirma que Cristo nunca distinguió entre misiones locales foráneas? ¿Qué sentido tiene esta declaración?

P: ¿Qué reacción le produce la declaración de que Jesús tuvo una clara estrategia y un plan definido?

P: ¿Cómo el tener un plan claro y confianza en ese plan nos ayuda a saber cómo debemos vivir hoy?

P: ¿Qué quiere decir esta nota al margen: "Si Ud. hace un buen trabajo en casa, esto repercutirá alrededor del mundo"?

EL METODO DEL MAESTRO I: METODO, SELECCION Y ASOCIACION

I. La importancia del método

"Los días de su encarnación fueron manifestados en el tiempo del plan de Dios desde el principio. Esto siempre estuvo presente en su mente. *Fue su intención salvar del mundo a un pueblo para sí mismo y edificar una iglesia del Espíritu que aparecería en gloria y en poder.* Este mundo fue su creación, pero El no procuró hacerlo su morada permanente. Sus mansiones estaban en los cielos. El fue a preparar lugar para su pueblo, lugar que tiene fundamentos eternos en los cielos.

"Nadie fue excluido de su propósito de gracia. Su amor fue universal. No se equivoque usted acerca de esto. El era el Salvador del mundo (Juan 4:42). Dios quería que todo hombre fuera salvo y viniera al conocimiento de la verdad. Jesús se entregó a sí mismo para proveer una salvación de todo pecado a todos los hombres. Por cuanto El murió por uno, murió por todos. *Contrario a nuestro pensamiento superficial, nunca hizo una distinción en su mente entre misión doméstica y misiones foráneas. Para Jesús todo era evangelismo mundial.*

"Su vida fue ordenada por este objetivo. *Cada cosa que Jesús dijo e hizo era una parte del patrón general.* Esto tuvo significancia, porque contribuyó al mayor propósito de su vida de redimir al mundo para Dios. Esta fue la visión motivante que gobernó su conducta. Sus pasos fueron ordenados por esto. Anótelo bien. Ni por un momento, Jesús perdió de vista su meta.

"Por esto es tan importante observar la manera en que Jesús se manejó para alcanzar su objetivo. *El Maestro reveló la estrategia de Dios para la conquista del mundo. Tuvo confianza en el futuro, precisamente porque El vivió de conformidad con el plan en el presente.* No hubo nada casual en su vida—ninguna energía malgastada, ninguna palabra ociosa. El estuvo en los negocios de Dios (Lucas 2:49). El vivió, murió, y resucitó según el plan. Como un general que planifica su curso de batalla, el Hijo de Dios calculó ganar. El no podía permitirse el lujo de arriesgarse. Pesó cada alternativa y factor variable en la experiencia humana y *concibió un plan que no fallaría.*"

El plan maestro de evangelismo, Robert E. Coleman, pp. 17, 18 (El énfasis fue añadido).

II. ¿Es lo más grande, siempre lo mejor?

Vivimos en un tiempo en que la tendencia en nuestra cultura es a asociar actividades exitosas y prósperas como aquellos esfuerzos que terminan siendo grandes y millonarios. Esta tendencia ha atrapado también a partes de la iglesia de Jesucristo. Nosotros también a menudo asociamos números que igualamos, por alguna razón, con buenos resultados o asociamos una vasta y próspera obra y pensamos como que de alguna manera muestra la bendición de Dios sobre una obra en particular.

Deberíamos comprender que las cosas vivas crecen normalmente y que no hay nada malo con las grandes iglesias. Pero estas cosas no son en sí mismas evidencias de las bendiciones de Dios o del buen éxito espiritual. Sólo necesitamos ver el crecimiento y las riquezas de grupos tales como los

Ted busca oportunidades para testificar.

¡Si usted hace un buen trabajo en casa, éste irá por todo el mundo!

LECCION 2

III. ¿Es el discipulado el mejor camino para alcanzar al mundo?

La importancia del cuadro numérico no es sólo dar al estudiante un ejercicio de matemáticas. Varios puntos clave pueden hacerse al ir repasando hasta finalizar el cuadro. El primero es que el discipulado debe ser una inversión a largo plazo, porque ni siquiera comienza a verse como algo que vale la pena entre los 8 y 9 años. El crecimiento es lento al principio, pero la inversión es importante a la larga y vale la pena. Usted puede extender el ejemplo si calcula cuánto tiempo tomaría para que su comunidad alcanzara su país si adopta el modelo del Discipulador fiel. ¿Cuánto tiempo tomaría para que su ministerio alcanzara al mundo si todos llegamos a ser discipuladores fieles?

	1 Año	2 Años	3 Años	4 Años	5 Años
S.E.	365.000	730.000	1.095.000	1.460.000	1.825.000
D.F.	6	36	216	1.296	7.776

	6 Año	7 Años	8 Años	9 Años	10 Años
S.E.	2.190.000	2.555.000	2.920.000	3.285.000	3.650.000
D.F.	46.656	279.936	1.679.616	10.077.696	60.466.176

Más allá de la ventaja numérica, ¿qué otras ventajas habría, en la práctica, para la misión de la iglesia en el modelo del Discipulador fiel?

- Este método no confía en el buen éxito o en el fracaso de un solo individuo.
- Los resultados aquí no son sólo conversos, ¡sino discípulos discipuladores!
- Se sigue el modelo de Jesús.
- La mayoría de nosotros, realmente, sólo podemos producir aquello en lo que tenemos experiencia.
- La retención es mucho más alta por medio del discipulado.
- La influencia en los discípulos es mucho más fuerte.
- El discipulado es factible.
- El discipulado es menos costoso.

mormones o la "Iglesia de la Unificación" para concluir que deberíamos estar muy presionados si esto fuera en verdad nuestro único criterio.

En vez de eso debemos investigar los *principios* que rigieron el ministerio de Jesús y determinar hacia qué *metas* El estuvo trabajando. En vez de identificarnos con el criterio que el mundo tiene del buen éxito, *es en el fiel cumplimiento de los mandatos y propósitos de Dios que somos verdaderamente exitosos.*

Debería ser nuestra convicción que no sólo debemos ser estudiosos de las *palabras de Jesús*, sino también de los *métodos* de Jesús. Las Escrituras no son sólo nuestro libro de *mensajes*, sino también nuestro libro de *métodos*, en cuanto a la vida de Cristo se refiere.

III. ¿Es el discipulado el mejor camino para alcanzar al mundo?

Consideremos dos posibles maneras de evangelizar: primero, observemos a un superevangelista (SE). Nosotros oraremos por el superevangelista, proveeremos todas las necesidades materiales del superevangelista, y arreglaremos los servicios de antemano de cuidad en cuidad. Arreglaremos todo para que el superevangelista se concentre exclusivamente en el evangelismo. Si el fruto de la labor de este superevangelista fuera que 1.000 personas se convirtieran cada día durante 10 años, ¿cuántos serían salvados a través de este increíble proceso?

Ahora, tomemos a una persona igualmente comprometida que compartirá al Señor durante todo el curso normal de actividades diarias y observará 5 conversiones en un año. LLamaremos a esta persona Discipulador Fiel (DF). El Discipulador Fiel no sólo llevará personas a Cristo, sino también las entrenará para compartir su fe, tan libremente como El lo hizo con ellos. El Discipulador Fiel pasará un año discipulando a los 5 nuevos conversos y luego en el siguiente año estos 5 discípulos alcanzarán y discipularán cada uno a otros 5. Si este proceso se llevara a cabo durante 10 años, ¿cuántos serían salvos de esta manera?

	1 Año	2 Años	3 Años	4 Años	5 Años
S.E.					
D.F.					

	6 Año	7 Años	8 Años	9 Años	10 Años
S.E.					
D.F.					

Más allá de la ventaja numérica, ¿qué otras ventajas tendría, en la práctica, para la misión de la iglesia el modelo del Discipulador Fiel?

- _____

- _____

- _____

- _____

- _____

IV. SELECCION: Las personas eran su método

Coleman nos recuerda que antes de que Jesús predicara su primer sermón, seleccionó personas que lo siguieran a El. *Jesús no estuvo interesado en desarrollar programas que alcanzarían a las multitudes, sino en desarrollar individuos a quienes las multitudes siguieran.*

Los hombres que El seleccionó no nos darían la impresión de ser "personas clave". (Tampoco impresionaban a los líderes religiosos del tiempo de Jesús). Ellos eran alborotadores, insensibles, pendencieros, envidiosos y prejuiciosos. Venían de un trasfondo ordinario, algunos eran socialmente rechazados. En medio de estos individuos, Cristo comenzó a edificar el reino de Dios en la tierra.

Imaginemos lo que dirían los modernos consultores administrativos acerca de los asociados elegidos por Jesús ...

ESPECIALISTAS EN RECURSOS HUMANOS

Destinatario: Jesús ben José
                Taller de Carpintería
                Nazaret, 25922

Remitente: Consultores Administrativos de Personal de Jordania
                Jerusalén, 26544

Estimado Señor:

Gracias por remitirnos el curriculum vitae de los doce hombres que usted eligió para posiciones gerenciales en su nueva organización. Todos ellos tomaron nuestras pruebas. No sólo procesamos los resultados por nuestro computador, sino también preparamos las entrevistas personales para cada uno de ellos con nuestros expertos psicólogos y consultores en aptitud vocacional.

El perfil de todas estas pruebas está incluido, y usted querrá estudiar cada uno de ellos cuidadosamente. Como parte de nuestros servicios, y para su mejor comprensión, hacemos algunos comentarios generales, de igual manera que un auditor incluye algunas declaraciones generales. Esto se entrega como un resultado de las consultas de nuestro personal y sin ningún costo adicional.

Es la opinión de nuestro equipo que casi todos sus nominados carecen de educación básica y aptitud vocacional para el tipo de demanda a que los está comprometiendo. Ellos no tienen el concepto moderno de equipo. Le recomendamos que usted continúe su búsqueda de personas con experiencia, habilidad administrativa, y con una comprobada trayectoria documentada.

Simón Pedro es emocionalmente inestable y dado a arranques de su temperamento violento. Andrés no tiene absolutamente ninguna cualidad de liderazgo. Los dos hermanos, Jacobo y Juan, los hijos de Zebedeo, anteponen el interés personal a la lealtad a la compañía. Tomás demuestra una actitud cuestionable que tendería a debilitar la moral de los otros. Creemos que es nuestro deber decir a usted que Mateo ha estado en la lista negra de la Gran Oficina de Comercio de Jerusalén. Jacobo, el hijo de Alfeo, y Tadeo definitivamente tienen tendencias radicales y ambos registran un alto nivel en el perfil maniático-depresivo.

Uno de los candidatos, sin embargo, muestra gran potencial. El es un hombre de amplia habilidad e ingenio, se entiende bien con las personas, tiene perspicacia para los negocios y además contactos en altas posiciones. El es altamente motivado, ambicioso, y responsable. Recomendamos a Judas Iscariote como su director, su mano derecha. Todos los otros perfiles se explican solos.

Deseamos gran éxito a su nueva empresa.

Sinceramente,
Especialistas en Recursos Humanos

Lo que nosotros pensamos que eran los discípulos.

Lo que los discípulos eran realmente.

La ilustración del círculo que aparece en la página 2.4 tiene el propósito de enseñar que nosotros nos relacionamos con otras personas en una gran variedad de niveles y que esto es bueno y apropiado. Nosotros a veces sólo valoramos relaciones de gran profundidad. Por otro lado, podemos valorar relaciones amistosas que son muy seguras y superficiales. Si nosotros gravitamos entre estos dos polos, entonces no comprendemos el modelo que Jesús nos dejó. Jesús se relacionó con personas en un amplio rango de relaciones. Por ejemplo (moviéndose desde el exterior del círculo hacia adentro):

Las multitudes: En la primera parte del ministerio de Jesús, lo vimos tener un fructífero ministerio entre las multitudes. El no volvió la espalda a las necesidades de las muchedumbres. Sintió que era su responsabilidad atender las abrumadoras necesidades.

500: Pablo refiere que Jesús, después de su resurrección, se apareció a 500 personas. Con seguridad estos debieron haber sido seguidores del Señor. Algo significativo aquí es que el Señor del universo estuvo ministrando por más de tres años, en medio del mismo pueblo en que fue muerto y ¡resucitado! ¡Y después de esto El solo pudo reunir a una multitud de 500! Este no parece ser un poderoso y vibrante movimiento mundial. Mas Jesús mostró plena confianza en que había terminado todo lo que Dios lo envió a hacer. Dejó atrás un pequeño grupo de individuos capacitados que continuaran su misión de alcanzar al mundo a través del continuo discipulado.

120: Justo después de la ascensión, Lucas registró que había allí al menos 120 personas que estaban dispuestas a seguir los deseos de Jesús de ir a Jerusalén y orar.

70: En Lucas 10, se registra que Jesús envió a 70 discípulos. No se explica la capacidad en que ellos eran discípulos, ni su nivel de relación, o cómo fueron entrenados.

Los Doce: Estos hombres estuvieron con Jesús casi desde el comienzo de su ministerio. Estuvieron con El, lo escucharon, oraron con El, y El los amó y los capacitó. Ellos se conocieron muy bien el uno al otro.

Pedro, Jacobo, y Juan: De entre los doce hombres estaban estos tres. Ellos experimentaron cosas que el resto de los doce no experimentó. Juan fue llamado "el discípulo amado". Estas parecen ser de las más importantes y significativas relaciones de amistad en la vida de Jesús.

Nosotros necesitamos relacionarnos en niveles semejantes a estos:

Las multitudes: Nosotros necesitamos responder a las necesidades del mundo en general.

500/120: Esta puede ser una descripción de nuestra relación con nuestra iglesia local.

70: Este es probablemente el número máximo de relaciones de amistad que podemos tener en cualquier momento de nuestra vida particular.

12: Esto representa el número máximo de relaciones de profunda amistad que nosotros podemos mantener al mismo tiempo. Podría representar nuestro grupo pequeño.

3: Es importante invertir nuestra vida en unos pocos (mejores amigos). Nuestro problema comienza cuando esperamos que *todas* las relaciones en el reino sean a este nivel. Sería poco realista optar por no relacionarse del todo o absolutamente si todas las relaciones no pueden ser a este nivel.

Pero las personas que Jesús eligió tuvieron algunas cualidades positivas. Ellos eran:

- *fáciles de enseñar* (ellos eran sinceros, y estaban dispuestos a confesar su necesidad de entendimiento)

- *sinceros* (verdaderamente querían conocer y servir a Dios)

- *hambrientos, deseosos* (estaban cansados de lo vacío de su presente vida religiosa).

Jesús nos enseñó con sus métodos que el mundo puede ser transformado, pero sólo conforme los individuos que lo componen son transformados. El también nos mostró que cualquiera es un candidato para ser discipulador. No es tanto un asunto de si es capaz de discipular, sino que decida discipular.

¿Hubo algunas distinciones en cómo Jesús se relacionó con las personas? La distinción, en verdad, no estuvo en la compasión, pero verdaderamente hubo una distinción en la cantidad del tiempo que Jesús invirtió con diferentes grupos de personas, la profundidad de enseñanza que diferentes grupos recibieron, y la diferencia de niveles de compromiso. Notando que Jesús se propuso trabajar a través de individuos, consideremos específicamente cómo en realidad lo hizo. Los círculos concéntricos de abajo resaltan diferentes niveles de amistad de Jesús.

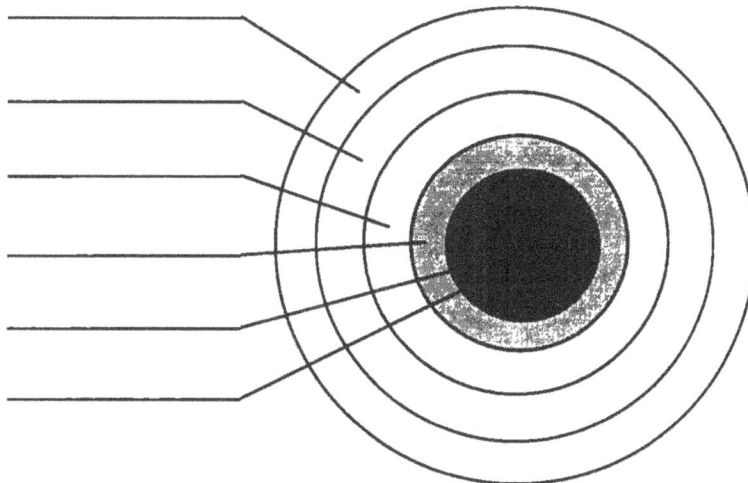

Carl estaba resuelto a no ser estereotipado como otro buey tonto.

¡Necesitamos relaciones en todos los niveles!

"Uno debe decidir dónde quiere que su ministerio sea considerado— en el aplauso momentáneo de reconocimiento popular, o en la reproducción de su vida en unos pocos individuos elegidos que serán los que continuarán su obra después que se haya ido. Realmente es un asunto de a cuál generación estamos sirviendo." *El plan maestro de evangelismo,* p. 37, por Robert Coleman.

Al examinar nuestras relaciones, debemos desarrollar un cuadro realista de nuestras expectativas. Tendemos a esperar demasiado mucho o muy poco tanto de nosotros mismos como de los demás. Cuando esperamos que todas nuestras relaciones sean realmente profundas y significativas, podríamos estar creándonos frustraciones a nosotros mismos. La selección exige que optemos. Debemos elegir ser transparentes a algunos. Por otra parte, debemos extender el amor a todos, como Jesús lo hizo. Los límites de la selección de Jesús no reflejaron un límite de su amor. El seleccionó algunos para los propósitos de profundo discipulado. Si alineamos nuestras expectativas con el modelo de vida de Jesús nos producirá salud.

¿Cómo los principios de *selección* y *asociación* podrían ser implementados en nuestro ministerio universitario?

- Hacer arreglos (si es posible) para tener un compañero de cuarto del ministerio universitario.
- Seleccionar unos pocos dormitorios donde la mayoría de los miembros del grupo universitario puedan vivir en proximidad unos con otros y compartir el mismo comedor.
- Mudarse dentro de los dormitorios.
- Desarrollar fuera de la universidad casas comunitarias para hombres y mujeres por separado.
- Tomar clases juntos.
- Invitarse unos a otros para ir de compras.
- Practicar deportes juntos y crear un equipo mixto Chi Alpha con los estudiantes de todos los niveles.
- Formar parejas de oración.
- Juntar o crear un equipo de ministros (por ejemplo) para proveer funciones sociales, desarrollar el comité de evangelismo, crear un drama o un grupo de mimos, levantar equipos de adoración.
- Buscar un acompañante para contactos evangelísticos.
- Proveer hospitalidad en su alojamiento fuera del recito académico para sus amigos de Chi Alpha que se están volviendo locos en los dormitorios.
- Programar un tiempo y lugar durante el año escolar para pasar el rato juntos.

V. **ASOCIACION**: El estuvo con ellos

Coleman puntualizó que Jesús, más que seleccionar personas, necesitó seguidores que pudieran testimoniar de su vida y ministerio y continuar después de su retorno al Padre.

Es importante observar que los discípulos de Jesús no fueron enseñados en una sala de clases y que tampoco dieron exámenes de sus lecciones en Doctrina 101 y Teología Práctica 212, sino que el discipulado con Jesús significó que las clases eran continuas. Ellos no aprendieron doctrina, sino que participaron en doctrina.

Y conforme pasó el tiempo, en vez de darles menos tiempo a los Doce, Cristo realmente les dio más. Conforme se aproximaban los últimos días de su ministerio terrenal de Jesús, la intensidad del tiempo de Jesús con sus discípulos aumentó.

La probable aplicación para nosotros en este ejemplo de Jesús es que alguna estrategia debe ser establecida por la que a cada converso se le asigne un amigo cristiano para que lo siga hasta que llegue el tiempo en que él mismo pueda dirigir a otro.

¿Cómo podrían los principios de *selección* y *asociación* ser implementados en nuestro ministerio universitario?

- _____
- _____
- _____
- _____
- _____
- _____
- _____
- _____

APUNTES DEL LIDER PARA LA LECCION 3
EL METODO DEL MAESTRO II: CONSAGRACION, IMPARTICION, DEMOSTRACION, Y DELEGACION

Objetivos para esta lección:

- Describir la consagración necesaria para ser un discípulo de Jesús.
- Examinar los ingredientes de la experiencia del amor.
- Destacar algunas habilidades clave para edificar las relaciones.
- Hacer la distinción entre: hacer todo uno mismo y la capacitación y delegación de responsabilidades.

EL METODO DEL MAESTRO II: CONSAGRACION, IMPARTICION, DEMOSTRACION, Y DELEGACION

I. CONSAGRACION: Carga tu propia cruz

A continuación tenemos dos cartas que destacan el asunto de la consagración. De ellas discutiremos su significado para nosotros.

Carta # 1: Esta carta fue escrita por un joven comunista a un cristiano y apareció en la revista de Billy Graham. (El énfasis fue añadido).

"El evangelio de Jesucristo es un arma mucho más poderosa para la renovación de la sociedad que nuestra doctrina marxista. A pesar de eso, *nosotros finalmente les ganaremos.* Nosotros somos solamente un puñado y ustedes los cristianos son contados por millones. Pero si usted recuerda la historia de Gedeón y sus 300 compañeros comprenderá por qué yo tengo razón.

Nosotros los comunistas no jugamos con las palabras. De nuestros salarios y sueldos nosotros conservamos sólo lo que es estrictamente necesario y damos el resto para los propósitos propagandísticos. A esta propaganda nosotros también tenemos consagrado todo nuestro tiempo libre y parte de nuestros feriados.

Ustedes los cristianos, sin embargo, dan sólo un pequeño tiempo y difícilmente algunas monedas para la propagación del evangelio de Cristo. *¿Cómo puede alguien creer en el supremo valor del evangelio si no lo practican? ¿Si no lo propagan? ¿Y si no sacrifican ningún tiempo o dinero para ello?*

Créame, somos nosotros quienes ganaremos, porque creemos en nuestro mensaje comunista y estamos dispuestos a sacrificar todo, aun nuestra vida. *Pero ustedes los cristianos, temen ensuciarse las manos."*

Carta # 2: Esta es la carta de un revolucionario a su novia en la que le explica por qué estaba rompiendo su noviazgo. (El énfasis fue añadido)

"Nosotros los revolucionarios tenemos una alta tasa de víctimas. Somos quienes recibimos balas, somos colgados, ridiculizados, despedidos de nuestros trabajos, y fastidiados en toda manera cuando la ocasión lo permite. Un cierto porcentaje de nosotros son asesinados o hechos prisioneros. Vivimos en una virtual pobreza. Devolvemos al partido cada centavo, practicamos lo dicho tomando lo que es absolutamente necesario para mantenernos vivos. Nosotros los revolucionarios no tenemos el tiempo ni el dinero para muchos cines, conciertos, o servirse un bistec, una casa decente o un auto nuevo. Hemos sido descritos como fanáticos. *Nosotros somos fanáticos.* Nuestra vida está dominada por una gran asombrosa realidad: la lucha por el dominio del mundo. *Nosotros los revolucionarios tenemos una filosofía de vida, que ninguna cantidad de dinero puede comprar.* Tenemos una causa por la cual luchar, un propósito definido en la vida. Subordinamos nuestro insignificante yo personal al gran movimiento de la humanidad. Y si nuestra vida personal parece dura, o nuestros egos parecen sufrir por

¿Qué clase de consagración estamos buscando?

- apartados para: <u>Dios</u>
- apartados del: <u>mundo</u>

Opcional:

Más allá de explicar el punto principal de la consagración, esta segunda carta se presta a sí misma para enfocar la necesidad de autoridad en nuestra vida.

El revolucionario dice: "Yo evalúo personas, libros, ideas, y acciones conforme afectan la causa y por sus actitudes hacia ella". El está defendiendo el papel de la autoridad en nuestra vida. Para él, la fuente de autoridad son las creencias de la causa. Todo y todos pasan por un filtro en su mente en cuanto a cómo afectan a la causa.

P. ¿Cuál es la fuente de autoridad para un discípulo? ¿Cuál es el filtro que él usa para determinar su sistema de creencias y acciones? Si verdaderamente vamos a ser consagrados, debemos estar seguros de nuestra base de autoridad. Estas son dos fuentes:

1. La Biblia, la Palabra escrita

   La Biblia es por su naturaleza una autoridad objetiva. Se precisa la habilidad de manejar información en una forma lógica que toma en consideración la situación de los escritores originales. Esto demanda que vayamos desde el "allá y ellos" del pasaje al "aquí y ahora" de nuestra vida particular. Esto será discutido extensamente en la Lección 10.

2. Jesús, la Palabra viva

   La voz de Jesús para nosotros es una autoridad subjetiva. Las destrezas necesarias son las habilidades para discernir la voz del Señor de todas las otras voces.

   Usted nunca encontrará a la Palabra viva diciendo algo contrario a la Palabra escrita. Frecuentemente la Palabra viva nos ayuda a aplicar los mandatos de la Palabra escrita. La Palabra viva y la Palabra escrita construyen la base de autoridad que crea una rejilla o filtro con que continuamente un creyente inspecciona todo en su vida relativo a la creencia y práctica.

A. ¿Sabe usted lo que es el amor?

   Hay por lo menos cuatro componentes en nuestra experiencia de amor. No son cuatro tipos de amor, sino cuatro ingredientes del amor.

causa de la subordinación al partido, entonces somos adecuadamente compensados por el pensamiento de que cada uno de nosotros, en su pequeña forma, está contribuyendo algo nuevo y verdadero para una mejor humanidad. Hay sólo una cosa a la que estoy comprometido y esta es la causa. Ella es mi vida, mi negocio, mi religión, mi pasatiempo, mi novia, mi esposa, mi aliento y mi sustento. Trabajo en ella durante el día y sueño con esto en la noche. Su poder en mí crece, no disminuye, con el correr del tiempo. Por tanto, no puedo continuar una amistad o amorío o aun una conversación sin relacionarlo a esto—esta es la fuerza que conduce y guía mi vida. *Evalúo personas, libros, ideas y acciones según ellos afectan la causa y por sus actitudes hacia ella.* Ya he estado en la cárcel por causa de mi ideal, y si es necesario, estoy listo para ir ante el pelotón de fusilamiento."

Los discípulos de Jesús no fueron invitados a hacer una declaración de fe o a recitar un credo. Ellos fueron invitados primero a seguirlo.

¿Qué clase de consagración buscamos nosotros?

- apartados para: _____

- apartados del: _____

Aplicacion personal

Citar tres áreas que han sido verdaderos asuntos de obediencia /consagración para Ud. durante el mes pasado.

1. _____

2. _____

3. _____

II. ENTREGA: El se dio a sí mismo

Si en la sección anterior nosotros encontramos que la consagración/ obediencia es una motivación para vivir un estilo de vida de discipulado, en esta acción encontramos que el amor es también una motivación en el discipulado. El amor fue, y es siempre la norma por la que el discipulado es juzgado. Pero esta no es la clase de amor que a menudo se ilustra en nuestros medios. Es el amor del calvario—el amor que conduce al servicio y a entregar la vida.

- ¿Sabe usted qué es el amor?
- ¿Sabe usted cómo amar?
- ¿Ama usted?

Estas tres preguntas, aunque distintas, son completamente cruciales y demandan una respuesta de cada creyente. Permítanos tratar con cada pregunta por separado.

A. ¿Sabe usted qué es el amor?

La definición de esta pregunta parece ser más apropiadamente relegada a los dominios de un poeta. Sin embargo, en un mundo donde nosotros podemos decir al mismo tiempo "amo a mi novia" y "amo la comida" es necesaria alguna definición del concepto de *amor*.

Nosotros debemos amar como Dios ama. Jesús vino a mostrar el amor de Dios por la humanidad caída. A través de sus acciones podemos definir el amor como siempre:

Los cuatro amores de Andy Kruprick.

Hay amor que nosotros *sentimos*. Este puede ser sentido por emoción o por un contacto físico. Es expresado por palabras amables y por expresiones de afecto. Tenemos palabras como "erótico" que describen este componente de amor. La palabra "erótico" tiene una connotación negativa en nuestra sociedad debido al abuso de este componente de amor, pero cuando la expresamos en la forma que Dios ordenó, es muy especial para nosotros.

Hay amor que nosotros *compartimos*. Este es amor que demanda dar y recibir. Tiene un decrecer y un crecer natural. Este es el amor de amigos. Este ingrediente de amor demanda reciprocidad para ser operativo. Nosotros tenemos palabras como "filadelfia" que refleja el sentido de compartir amor. Filadelfia, referido a la ciudad del estado de Pennsylvania, quiere decir ciudad del "amor fraternal".

Hay amor que nosotros *conocemos*. La manera en que amamos necesita ser definida para nosotros. Para un creyente, la manera en que amamos es definida por Dios. También recibimos definiciones de apropiadas formas de amor de nuestra sociedad. A fin de que el amor tenga sentido para nosotros, debemos conocer y ajustarnos a las pautas dadas por Dios.

Hay amor que nosotros *damos*. Este es amor que viene totalmente de un acto de la voluntad. Tiene un claro propósito y es directo por naturaleza. Aquí, nuestra conducta es reflejo de un acto racional de la voluntad. Mientras que el compartir es de dos vías, el amor que da tiene una sola dirección. Va de ti a alguien más que necesita de tu expresión de amor. Amar a tu enemigo, podría ser una expresión radical de dar amor.

Estos cuatro componentes del amor (sentir, compartir, conocer, y dar) operan en coordinación unos con otros. Probablemente no sería posible expresar un componente sin que los otros estén implícitos en algún grado. Sin embargo, uno debe tener prioridad al otro según las diferentes situaciones. Cuando permitimos que lo que sentimos nos domine, es muy fácil que nuestra conducta sea modificada por nuestros sentimientos. Esto lleva a proceder impulsivamente, que a menudo constituye una inefectiva forma de vida.

Por otra parte, cuando dedicamos tiempo a conocer los mandatos bíblicos para expresar amor apropiadamente y entonces actuar de conformidad con ellos, descubriremos que nuestro proceder es modificado por lo que debe ser.

Cuando los escritores del Nuevo Testamento buscaron minuciosamente una palabra que describiera el amor de Dios para un mundo caído, ellos usaron la palabra ágape que refleja los ingredientes del amor que damos. Fue una decisión de Dios Padre darnos a su Hijo, pues necesitábamos a un Salvador. Tal como Pablo nos dice: "Porque el amor de Dios ha sido derramado en nuestros corazones por el Espíritu Santo que nos fue dado. Porque Cristo, cuando aún éramos débiles, a su tiempo murió por los impíos [...] siendo aún pecadores, Cristo murió por nosotros" (Romanos 5:5b, 6, 8b).

- activo
- demostrado
- desinteresado
- una decisión en vez de sólo una emoción
- santo

B. ¿Sabe usted cómo amar?

El amor de Dios fue claramente definido para nosotros como su entrega desinteresada, con propósito y voluntaria de El mismo. Para nosotros saber cómo amar, debe hacer que expresemos con nuestra conducta la misma entrega desinteresada a Dios, a otros creyentes, y a los inconversos alrededor nuestro. Jesús fue el perfecto modelo de amor, por tanto su método de amor merece nuestra cuidadosa atención.

De conformidad con el primer sermón de Jesús (vea Lucas 4:18, 19 e Isaías 61:1, 2) su propia misión incluyó lo siguiente:

- _____

- _____

- _____

- _____

- _____

- _____

Tener un cálido y tierno corazón o abrigar pensamientos de amor no suplantó lo dicho anteriormente. El amor fue *demostrado* a aquellos en necesidad.

Jesús sabía que El era Aquel que había venido a ser el "rescate por muchos". El sabía quién era y lo que debía hacer. Esto es lo mismo para nosotros. Somos nuevas criaturas en Cristo Jesús; tenemos nuevas identidades. El nos ha dicho qué debemos hacer:

"En esto hemos conocido el amor, en que él puso su vida por nosotros; también nosotros debemos poner nuestras vidas por los hermanos. Pero el que tiene bienes de este mundo y ve a su hermano tener necesidad, y cierra contra él su corazón, ¿cómo mora el amor de Dios en él? Hijitos míos, no amemos de palabra ni de lengua, sino de hecho y en verdad" (1 Juan 3:16-18).

He aquí algunas sugerencias sobre cómo saber amar más eficazmente.

1. Hacer de las relaciones una prioridad.

Si usted quiere amistades que hagan una diferencia, debe darles una alta prioridad. No puede asumir que el amor "simplemente ocurrirá". Debe cuidadosamente programar tiempo con sus amigos. Si la amistad es realmente una alta prioridad, llegará a ser regularmente visible en su calendario semanal.

2. No te pongas a la defensiva

Transparencia significa: <u>bastante claro para ser visto a través, nada que impida completamente la visibilidad.</u>

Vulnerabilidad significa: <u>susceptible o posible de ser herido.</u>

4. Confirma a sus amigos

Tenemos una útil ilustración de la novela de Cervantes, Don Quijote. En la versión musical de esta obra, *El hombre de la Mancha* vemos a un hombre envejecido, Don Quijote. Los que están alrededor de él, piensan que está loco de remate. El ha decidido ir a una gran jornada. Se ve a sí mismo como un caballero verdadero que hace el bien y la justicia en el mundo, a pesar del hecho de que la edad de un caballero le ha pasado hace largo tiempo.

El se encuentra con un pequeño y regordete hombre llamado Sancho. Pide a este que viaje con él y que sea su acompañante verdadero, su escudero. Sancho, que se sabía un honrado sirviente común, intrigado por Don Quijote se figuró que nada perdía y entonces se le unió en sus viajes.

Ellos llegaron a una rústica posada. El posadero salió para recibir a esta cómica pareja. Don Quijote solicitó permiso para entrar y alojarse en su "gran finca solariega". El posadero estaba complacido con el pago de cualquiera, aun de locos rematados como estos dos. En la posada está una sirvienta. Ella hace más que servir las comidas, tarde en las noches proporciona también entretenimiento para muchos de los huéspedes varones. En el musical, Don Quijote canta una canción en la que cambia su nombre de Aldonza, la ramera de la cocina, a Dulcinea, la doncella casta y pura con que sueña cualquier buen hombre. Ella lo llama loco, porque con seguridad él no sabe quién es ella, ni lo que hace.

Al final de la historia, Don Quijote ha sido golpeado en la cabeza y está en su lecho de muerte. El también ha recobrado sus sentidos. Probablemente uno de los momentos más conmovedores es aquel en que estando en su lecho, Sancho, el posadero, y Aldonza vienen a llorar por su condición, y le ruegan que no cambie. Don Quijote los tocó con el poder de la afirmación y al hacerlo los liberó de la desesperación de sus pobres vidas y él los consideró mejores de lo que ellos habrían deseado llegar a ser. De algún modo este viejo hombre tocó las profundas aspiraciones de cada uno con los que se encontró, y ellos lo amaron por esto.

Así también ocurrirá cuando veamos a las personas como Jesús las ve. Cuando afirmamos verdaderamente lo que vemos, un nuevo ser comienza a surgir mediante el poder transformador de Cristo. ¡Sea un Don Quijote!

5. Sea auténtico

Una de las mejores maneras de comunicar este punto es tomar un pequeño descanso de la rutina normal de clases y leer a sus estudiantes el primer capítulo del libro de Margery Williams, *The Velveteen Rabbit*. Jesús sabía que algunas verdades se comunican más poderosamente en historias y he aquí una oportunidad para poner a prueba este método. Lea en voz alta el primer capítulo como si estuviera leyendo una historia a niños a la hora de acostarse. Esta es

2. No se ponga usted a la defensiva.

Transparencia significa:_____

_____

Vulnerabilidad significa: _____

_____

"¡Vaya! te digo que ese Frank es un tipo a quien es difícil acercársele".

Sin transparencia y vulnerabilidad la amistad permanecerá en un nivel superficial. Si usted ama como Cristo amó, debe vivir como El lo hizo. Cuando se cierra a usted mismo de otros, se encontrará en dificultades emocionales, espirituales, y eventualmente físicas. Dios dispuso que seamos conocidos— conocidos por el Padre y por sus hijos.

3. Cree calidez en sus amistades.

Somos una sociedad terriblemente sin contacto mutuo o recíproco. Mire a las personas a los ojos cuando converse, siéntase libre de tocarlos, practique sonreír hasta que sea natural y cómodo. Comparta sus sentimientos y no solamente sus ideas. Escuche activamente las conversaciones.

4. Reafirme a sus amigos.

Cuando conocemos a una persona y sólo miramos un problema, la confinamos en su problema. Necesitamos mirar a nuestros amigos, siempre con fe, como Jesús los ve: únicos, que valen la pena, con infinitas posibilidades. Al hacerlo estamos formando a una nueva criatura. Hablemos la verdad en amor el uno al otro, especialmente la *verdad buena y reafirmante.*

5. Sea auténtico.

En la carta de Pablo a los corintios, él trata la forma en que ellos consideraban su vida en el seno de la comunidad cristiana. Habían estado abusando de sus relaciones de amistad con otros allí. Pablo usa el cuerpo como una ilustración y llama la atención de ellos en dos actitudes separadas y opuestas que pueden observarse en un cuerpo de creyentes. El apóstol no las aprueba.

El les dice que cualquiera que se siente *inferior* a los demás miembros del cuerpo no comprendía lo que Dios ha hecho por ellos. La gracia de Dios los ha hecho nuevas criaturas en Cristo y coherederos con todos los otros santos. Pablo también declara que hay algunos que tienen siempre una actitud de *superioridad* respecto de otros miembros del cuerpo. Estos tampoco comprenden lo que Dios ha hecho. Piensan que son más grandes de lo que realmente son. Se creen tan superiores, que llegan a menospreciar a otros miembros del cuerpo por quienes Cristo murió.

Una persona auténtica es alguien que evita ambos extremos. Tiene una imagen real de quién es con respecto a Jesús; esta clase de personas están llenas de alegría por la gracia de Dios en su vida, y reconocen que esta misma gracia ha liberado a sus hermanos y hermanas en Cristo. Una persona genuina es descrita por las palabras de Pablo: "Digo, pues, por la gracia que me es dada, a cada cual que está entre vosotros, que no tenga más alto concepto de sí que el que

la tierna historia de un conejo de terciopelo relleno que el amor de un pequeño niñito hace "real". Los cinco minutos que toma en leerlo será un tiempo bien ocupado.

¿Qué cosas cree que Jesús debió haber demostrado a sus discípulos?

- Les enseñó cómo orar _____
- Obediencia al Padre _____
- Les enseñó la autoridad de las Escrituras _____
- Sanidades _____
- La necesidad de la compasión en el ministerio _____
- _____
- _____

¿Qué cualidades de la enseñanza de Jesús puede recordar que hicieron su enseñanza más memorable?

- Frecuentemente usó las historias/parábolas como forma de enseñanza
- Usó ejemplos e ilustraciones de la vida diaria _____
- Exigió tomar una decisión _____
- _____

debe tener, sino que piense de sí con cordura, conforme a la medida de fe que Dios repartió a cada uno" (Romanos 12:3).

C. ¿Ama usted?

¿Ama usted de verdad o es egoísta? Esta es una pregunta que asusta pero que todos debemos enfrentar muchas veces en nuestra vida. El asunto va más allá de sentirnos bien con relación al amor de Dios, o aun saber cómo Jesús amó. La pregunta de fondo es: *"¿Está usted activamente amando como Jesús amó?"*

¿Cómo llega uno a ese punto? Otra vez una cita de Coleman:

"¿Cómo podrían cumplir con alegría y paz interior la comisión para su Señor? Ellos necesitaron una real expresión de Cristo para que su vida estuviera llena con su presencia. El evangelismo debió ser una ardiente compulsión en ellos que purificaba sus deseos y guiaba sus pensamientos. Solamente un bautismo personal del Espíritu Santo sería suficiente. La tarea sobrehumana a la que fueron llamados requería una ayuda sobrenatural—una investidura de poder de lo alto" *El plan maestro de evangelismo*, p. 69.

Como hemos discutido en la primera lección, Jesús no sólo expuso a los Doce su propósito y programa para el discipulado, sino que también les prometió su continua presencia y la provisión de la plenitud del Espíritu. Nosotros somos llamados a amar como Dios ama. Para hacerlo, debemos llenarnos de El.

III. **DEMOSTRACION**: El les enseñó cómo vivir

Dedicaremos una sesión entera a este aspecto crucial pero básico de la vida de Cristo, cuando tratemos con las "Disciplinas del Discipulado". Jesús enseñó no sólo por palabra sino también con hechos. ¿Qué cosas cree usted que Jesús debió haber demostrado a sus discípulos?

- _____
- _____
- _____
- _____
- _____
- _____
- _____

Aun sus métodos de enseñanza tuvieron propósito. ¿Qué cualidades de la enseñanza de Jesús puede usted recordar que la hicieron más memorable?

- _____
- _____
- _____
- _____

3ª Convención Anual de Animales Parásitos

"…y además, reto a esta asamblea a dar siquiera un ejemplo de algo con lo cual hemos contribuido a este mundo. ¿Cuando hemos hecho otra cosa que tomar, tomar, tomar?"

He aquí una guía simple que lo ayudará a comprender cómo puede ocurrir esto:

- Usted lo hace, él/ella observa con atención

  - Usted lo hace, él/ella ayuda

    - El/ella lo hace, usted ayuda

      - El/ella lo hace, usted observa con atención

        - El/ella lo hace, alguien más observa con atención

IV. **DELEGACION**: El les dio trabajo

Fue el propósito de Cristo entrenar a sus discípulos. Ellos fueron los que tomaron sobre sus hombros la misión de propagar el mensaje y poder del evangelio en todo lugar. Y para saber cómo hacerlo, debían aprender cómo hacer pequeñas cosas primero. ¿Entenderían ellos, serían fieles y responsables, y crecerían a través de sus experiencias? La mejor forma de estar seguro de que así será, es darles trabajo práctico y esperar que lo lleven a cabo.

He aquí una guía simple que nos ayuda a comprender cómo puede ser esto:

"Por supuesto que tu perro ovejero no puede hacer eso. ¿Pero cuándo fue la última vez que pasaste un verdadero tiempo de calidad con él?

Jesús los envió en parejas. En esta acción Jesús demostró que el trabajo del reino debe ser experimentado en *fraternidad*. Es un trabajo de amigos. Juntos con la presencia del Espíritu Santo, podemos enfrentar cualquier cosa.

"Su método era introducir a los discípulos a una experiencia vital con Dios, y mostrarles como El trabajó, antes de decirles que ellos lo debían hacer" *El plan maestro de evangelismo,* p. 82.

APUNTES DEL LIDER PARA LA LECCION 4
EL METODO DEL MAESTRO III:
SUPERVISION Y REPRODUCCION

Objetivos para esta lección:

- Describir la responsabilidad bíblica y su naturaleza esencial mutua.

- Demostrar por qué la responsabilidad es necesaria en el proceso de discipulado.

- Ilustrar cómo el proceso de discipulado fomenta el evangelismo y la reproducción de discípulos.

- Hacer un resumen del Método de Discipulado del Maestro.

EL METODO DEL MAESTRO III: SUPERVISION Y REPRODUCCION

I. Introducción

Llegamos ahora a la conclusión de nuestro estudio de los componentes de la metodología de discipulado de Jesús, bosquejada en el libro de Robert Coleman, *El plan maestro de evangelismo*. En esta lección enfocaremos los dos aspectos finales: Supervisión y Reproducción.

II. **SUPERVISION**: El los mantuvo responsables

Resumamos rápidamente lo que hemos visto hasta ahora:
- Hemos visto a Jesús seleccionar cuidadosamente individuos fieles que estén con El.
- El ha enfatizado repetidamente la necesidad de un total compromiso para traer el reino de Dios.
- El ha demostrado el victorioso poder del amor.
- Les dio tareas prácticas y responsabilidades para desarrollar las habilidades del ministerio del reino.

Ahora era necesario para Jesús hacerlos responsables de lo que ellos habían aprendido. Jesús esperó que sus discípulos crecieran en su entendimiento de la naturaleza de Dios, la pecaminosidad del hombre, y una cantidad de otros asuntos mediante las tareas que estaban cumpliendo. No sólo estaba tratando de enseñarles unas pocas tareas que hicieran para El después de que regresara a la diestra de Dios. Jesús tenía en mente una meta principal—la salvación del mundo. Para que esta meta fuera alcanzada, sus discípulos necesitaban mantener ese enfoque siempre ante ellos y no sólo contentarse con pequeñas victorias.

La supervisión es un proceso en el que un discípulo es hecho responsable de las cosas encargadas a él. La responsabilidad es parte de nuestro diario vivir. Los bancos esperan que seamos responsables de la cantidad de fondo que tenemos en nuestra cuenta corriente; los profesores demandan que leamos el plan de curso y completemos a tiempo las tareas; nuestros amigos presumen que nos comportaremos amigablemente con ellos. La lista de cosas por las que somos responsables podría seguir y seguir...

A. Razón fundamental de Jesús respecto de hacer responsables a sus discípulos:

1. Jesús procuró enseñar a los discípulos aplicaciones prácticas a su vida personal, mediante las tareas que fueron enviados a hacer.

   "Cuando estuvo solo, los que estaban cerca de él con los doce le preguntaron sobre la parábola" ..."Les dijo también: Mirad lo que oís; porque con la medida con que medís, os será medido, y aun se os añadirá a vosotros lo que oís. Porque al que tiene, se le dará; y al que no tiene, aun lo que tiene se le quitará." Marcos 4:10, 24, 25

2. Despúes de los discípulos ser enviados a hacer el trabajo del reino de Dios, debían volver, y compartir sus experiencias con el grupo.
"Vueltos los apóstoles, le contaron todo lo que habían hecho." Lucas 9:10

3. Es durante estos momentos de compartir con los discípulos, que Jesús les advierte contra el orgullo por sus laureles o logros.
"Pero no os regocijéis de que los espíritus se os sujetan, sino regocijaos de que vuestros nombres están escritos en los cielos." Lucas 10:20

Edwin exhibe orgullosamente las personas que sin ayuda ganó para Cristo.

4. Jesús deseaba asegurarse de que los discípulos experimentaran el descanso de cuerpo y alma que necesitaban después de realizadas todas su labores.
"El les dijo: Venid vosotros aparte a un lugar desierto, y descansad un poco. Porque ean muchos los que iban y venían, de manera que ni aun tenían tiempo para comer." Marcos 6:31

B. En la familia de Dios, la responsabilidad es mutua

La responsabilidad, en la mente de la mayoría de las personas, evoca una imagen similar a la de un domador de leones, en la que somos como una fiera enjaulada, un hombre llega con una silla y un látigo, y grita órdenes que debemos ejecutar correctamente. La responsabilidad se convierte en algo que debe ser evitado porque suena como un castigo. Nosotros también podemos ver la responsabilidad como si estuviéramos en una gran corporación con muchos niveles jerárquicos de jefatura. ¿Ser responsable significa someterse a alguien en el cuerpo de Cristo que será el vehículo de la voluntad de Dios sobre nuestra vida? Para responder esto debemos conocer el concepto bíblico de la *mutua responsabilidad.*

La mutua responsabilidad es un concepto distintivo hecho visible por Jesucristo. La cristiandad, entonces, es muy singular. Cuando Jesús vino a este mundo, dio un nuevo enfoque a las relaciones funcionales entre personas. En el "mundo gentil" como Jesús lo llamaba, no existía tal concepto de responsabilidad mutua. La gente actuaba principalmente por motivos egoístas y tenía poco o ningún interés en ayudar a las otras personas a alcanzar sus metas—excepto cuando esto podía beneficiar a ellos mismos (Marcos 10:42-45).

El apóstol Pablo, también, expuso muy claro que *la responsabilidad para con otros cristianos es esencial al crecimiento cristiano personal del creyente al crecimiento del reino de Dios también.* Las pautas para la mutua responsabilidad están arraigadas en la autoridad de Jesús y su Palabra. Nuevamente, como ya lo hemos mencionado, ser discípulos de Cristo significa ser "personas bíblicas". En la Biblia hay muchos ejemplos de relaciones mutuamente responsables. Esta es una lista de algunos con referencias:

"Acepto el hecho de que tú pienses que yo debo permanecer fuera del sillón. Pero también debo señalar que acabas de dejar levantado el asiento del inodoro".

• Ancianos con miembros regulares en el cuerpo de Cristo—1 Pedro 5:2, 3.

• Cristianos en general con ancianos—1 Timoteo 5:17-20; Hebreos 13:17

• Jóvenes individuales a adultos individuales—1 Pedro 5:5, 6

2. Ser responsable a un líder no significa "obediencia ciega".

Hay una línea de pensamiento que reconoce el señorío de Jesús y su soberanía sobre el cuerpo de Cristo. Pero también ve a los líderes cristianos como extensiones de la autoridad de Jesús sobre la tierra. Según concluye este pensamiento, estos líderes por tanto hablan con la autoridad de Jesús a los creyentes bajo su cuidado. Por lo tanto, los creyentes toman su consejo con la misma autoridad en su vida personal como si fuera el Señor. Se les pide someter toda decisión (o al menos las decisiones más importantes) a su líder. El ora para que reciban "la paz del Señor" o para que reciban una "señal de parte del Señor" en cuanto a una decisión específica. La obediencia a estos dictámenes es considerada como dar obediencia directamente al Señor Jesús. De este modo, los creyentes someten totalmente las responsabilidades de sus decisiones al líder de su grupo de fraternidad local. Esta perspectiva asigna o reconoce demasiada autoridad a un líder y no es consecuente con la revelación bíblica.

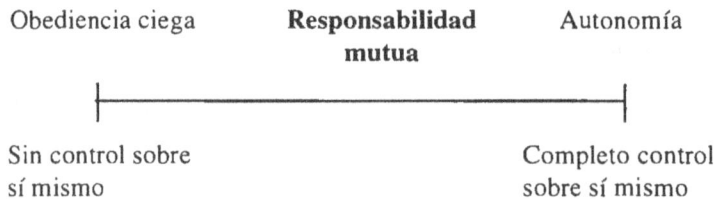

Obediencia ciega	**Responsabilidad mutua**	Autonomía
Sin control sobre sí mismo		Completo control sobre sí mismo

La gráfica pone a la obediencia ciega al otro extremo de vivir en completa autonomía. La persona autónoma, respecto del liderazgo y la autoridad, no permite a nadie que tenga voz en las decisiones y elecciones que enfrenta. Este individualismo no refleja tampoco el ejemplo bíblico.

En vez de la obediencia total o la total independencia, las Escrituras declaran relaciones de mutua responsabilidad en las que cada uno seriamente intenta amar en una manera no egoísta y cada uno intenta ser sumiso al otro. Esto no fomenta la enfermiza *dependencia* de la obediencia ciega, ni tampoco la ofensiva *independencia* de la persona autónoma, sino la *interdependencia* de aquellos que viven preocupándose mutuamente el uno por el otro.

- Esposos a esposas—Efesios 5:25, 28; Colosenses 3:19; 1 Pedro 3:7; 1 Corintios 7:3, 4
- Esposas a esposos—Efesios 5:22, 24; Colosenses 3:18; Tito 2:3-5; 1 Pedro 3:1-4
- Padres a hijos—Efesios 6:4; Colosenses 3:21
- Hijos a padres—Efesios 6:1-3; Colosenses 3:20
- Amos (empleador) a esclavos (empleados)—Efesios 6:9; Colosenses 4:1
- Esclavos a amos—Efesios 6:5-8; 1 Pedro 2:18, 19
- Cristianos a autoridades de gobierno—Romanos 13:1, 5, 7; 1 Pedro 2:13-17

Como usted puede ver, la responsabilidad en las relaciones citadas arriba, parece ser una calle de doble vía. Una parte no se sobrepone a la otra, aunque la función o papel pueda ser distintivo. Por el contrario, parece que estas relaciones subrayan que cada participante tiene intereses creados. No señala tanto a la dominación cuanto señala a cada uno como responsable. Ninguno de los dos es independiente o dependiente, sino interdependiente (mutuamente).

C. Principios básicos respecto de la autoridad y responsabilidad:

1. Los líderes cristianos son un don del Señor para nosotros (Efesios 4:11-13), y necesitamos alimentar y mejorar de toda manera posible nuestras relaciones de amistad con aquellos de quienes somos responsables. También necesitamos asegurarnos de estar siempre en una posición en la que hay alguien por encima de nosotros para hacernos responsables de nuestra fe.

2. Ser responsable a un líder no significa "obediencia ciega". Un líder nunca debiera tener dominio de otra vida. Todos nosotros tenemos un sólo Señor— Jesucristo.

3. Ser responsable a un líder no significa que usted renuncia a la responsabilidad por sus decisiones. Cuando nos presentemos al tribunal de Cristo no tendremos a quién culpar o apelar, salvo a nosotros mismos.

4. Un líder nunca debería ser seguido si su consejo contradice la Palabra de Dios o le a usted da permiso para pecar.

5. Debemos aprender a ser *responsables* ante otros, en vez de ser *responsables* de otros. "Responsables de alguien" significa que debemos asumir la responsabilidad por las acciones de otros. Esto nunca es el caso. Ser "responsable ante alguien" quiere decir que servimos a otro tanto como podemos y señalamos la dirección correcta (eso esperamos). Pero no podremos asumir nunca la culpa o el crédito por sus decisiones o acciones.

D. Las siguientes preguntas servirán como una prueba personal, que ayudará a que usted reconozca sus actitudes y sentimientos hacia personas en autoridad (especialmente en el cuerpo de Cristo).

1. ¿Cómo veo a las personas en mi iglesia que ocupan posiciones de liderazgo? ¿Me siento más o menos importante que ellos? ¿Los

"¡Oigan, esperen un minuto! ¿Quién es el tipo de la flauta?"

3. Nosotros somos llamados por Dios a vidas de pacto...

El concepto de pacto es, para la mayoría, una extraña idea en nuestra era moderna, pero es fundamental para comprender el funcionamiento de las relaciones en el antiguo Cercano Oriente. Esto era especialmente cierto en el tiempo de Abraham.

Un importante contrato formal de este período se acordaba entre un rey conquistador y el vencido señor vasallo. Una serie de bendiciones (como tener su frontera protegida por el rey) y maldiciones (como juicios si no cumplía el pacto) eran emitidas. El vasallo prometía su alianza al rey conquistador en una especial ceremonia que concluía con la lectura de bendiciones y maldiciones.

Pacto quiere decir "cortar". Esto es hecho visible en la ceremonia que sellaba el pacto. Un animal, por ejemplo un carnero, un buey, o tal vez una paloma, era cortado en dos partes. Las partes eran separadas y el señor vasallo era llamado a caminar alrededor de las partes que formaban una figura de ocho. Esto se hacía en presencia del rey. Simbólicamente, esto decía: "Esto es lo que sucederá al señor vasallo si él rompe el pacto. El rey caminaría alrededor de las partes del vasallo." Un muy vívido recordatorio a ambas partes.

Con esto como antecedente, encontraremos un interesante episodio en la vida de Abram en Génesis 15. Dios, el Soberano, viene a Abram y se compromete a bendecirlo con un linaje tan vasto como las estrellas del cielo. Aquí el texto afirma que Abram creyó a Dios, y que la fe le fue contada por justicia. El Señor le dio instrucciones para que preparara una ceremonia. Abram debía traer un ternero, una cabra, y un carnero. El debía dividirlos en dos partes y poner las dos mitades opuestas una frente a la otra. Conforme caía la noche, Dios puso a Abram en un profundo sueño. Génesis dice que un horno humeante como una antorcha en llamas apareció y pasó por medio de las piezas. Este fuego representaba a Dios, el Soberano. Sólo que aquí, el Soberano en vez del vasallo, pasó entre las partes, y selló este pacto con la señal de su propio "cuerpo". Dios se comprometió a sí mismo a mantener este pacto.

Hoy nosotros vemos lo que Abram no pudo ver. Este pacto fue repetidamente roto por la infidelidad del pueblo de Israel y el de Judá, y muchos profetas suplicaron a estos retornar en fidelidad a su Soberano. No obstante, ellos eligieron el juicio. Dios permaneció fiel a este pacto. El envió a su Hijo en forma humana para que su cuerpo fuera clavado en una cruz para cumplir así el pacto. Este nuevo pacto ha sido establecido por nuestro fiel Dios que busca salvar de este mundo a un pueblo para El.

Las relaciones de pacto son muy importantes para Dios. Ser una persona que vive haciendo y manteniendo el pacto es el llamado de Dios para nuestra vida. Pierda cuidado que hoy en modo alguno es menos difícil vivir en pacto con Dios que como lo fue para Abram. Las relaciones responsables llegan a ser una fuente de bendición para quienes se mantienen fieles a ellas.

III. Reproducción

"Los discipuladores deberían tener 'nietos espirituales'" ... Para más de esa analogía remítase a la *Estructura del discipulado*, capítulo 4, "Discipula al fiel".

respeto y honro como hermanos del cuerpo de Cristo, o guardo
sentimientos negativos hacia ellos?

2. ¿Comparto yo mi vida interior y luchas con otros, o guardo mis
   debilidades para mí mismo?

3. ¿Cómo reacciono cuando un amigo cristiano discrepa conmigo? ¿Me
   siento amenazado? ¿Trato de defenderme? ¿Insisto en hacer las cosas
   a mi propia manera?

4. ¿Trato de evitar situaciones en las que mis acciones o actitudes
   pueden ser cuestionadas por un amigo cristiano o un líder?

5. ¿Cuántas veces he admitido ante otros que he estado equivocado?
   ¿Debo siempre tener razón para sentirme cómodo?

6. ¿Apoyo a mi amigo cristiano en su compromiso con Dios, conmigo,
   con otros cristianos, y con los inconversos?

¡¡TENDREMOS la comida anual el sábado y comenzará a las 2 en punto!! ¡¡Los que se opongan serán APLASTADOS!!

Si Hitler hubiera sido pastor.

E. Por qué es necesaria la responsabilidad en las relaciones de discipulado.

1. Porque ayuda al discípulo a comprender la experiencia que acaban de
   enfrentar. Mediante esta evaluación, el discípulo estará mejor
   preparado para próximas experiencias.

2. Proporcionará estímulo al discípulo que no encuentra "éxito"
   inmediato o que no cumple las expectativas que él mismo se impuso.

3. Somos llamados por Dios a vidas de pacto, y los pactos deben ser
   evaluados para determinar si cada parte está creciendo y cumpliendo
   sus promesas.

4. Para impedir que el orgullo por el buen éxito ennuble el cuadro
   principal—de recibir la gracia de Dios y reconocer que somos
   solamente pecadores salvados.

5. Todos necesitamos continuamente revisar esas cosas que son de vital
   importancia—para aplicarlas a nuestra vida firmemente y volver a
   encender la visión que ellas están procurando cumplir.

6. Cristo no se conforma sólo con las primicias del ministerio
   (entusiasmo inmediato, fervor, regocijo) sino con que los discípulos
   crezcan hasta alcanzar la madurez.

7. La responsabilidad impide que nos convirtamos en pusilánimes. *"El
   alma del perezoso desea, y nada alcanza; mas el alma de los
   diligentes será prosperada"* (Proverbios 13:4. También vea
   Proverbios 20:4; 26:16).

8. La responsabilidad nos ayuda a prevenir el desarrollo de potenciales
   problemas antes que crezcan a dimensiones demasiado grandes para
   ser resueltos.

III. **REPRODUCCION**: La evidencia de un discípulo entrenado

Según Coleman señala en la ilustración de Jesús respecto a la vid y los
pámpanos, el propósito de cada discípulo es llevar fruto. Si verdaderamente
somos injertados en la vida misma de Cristo por su Espíritu que mora en
nosotros, entonces debemos esperar ver resultados. "Un cristiano estéril es

P: ¿Está propiamente titulado el *Plan maestro de evangelismo*?

R: El método de evangelismo de Jesús es el discipulado. Sin el proceso de discipulado, nuestro evangelismo tiene poca visión y poca duración.

una contradicción. Un árbol se conoce por sus frutos." *El plan maestro de evangelismo*, p. 107.

Los frutos de nuestra vida no son medidos por nuestro nivel de bondad o por nuestros talentos, sino por la perpetuación de la vida de Cristo en nosotros y a través de nosotros para un mundo desesperado. Debemos, pues, recordar nuestro enfoque. No es remendar al azar a un mundo enfermo—una frenética confusión de actividades por causa del reino, sino una cuidadosa y considerada vida que toma a creyentes jóvenes e imparte todo lo necesario para la vida y la santidad.

"Lo que cuenta realmente en la perpetuación final de nuestro trabajo es la fidelidad con que nuestros conversos van y producen líderes de sus propios conversos, no simplemente más seguidores [...] La prueba de cualquier trabajo de evangelismo, no es lo que se ve en el momento [...] sino la efectividad con que el trabajo continúa en la nueva generación." *El plan maestro de evangelismo*, p. 110.

"Es inútil orar por el mundo. ¿Qué bien haría? Dios ya los ama y les dio a su Hijo para salvarlos. No, no se necesita orar vagamente por el mundo. El mundo está perdido y ciego en el pecado. La única esperanza del mundo es que individuos vayan a ellos con el evangelio de salvación, y habiéndolos ganado para el Salvador, no los dejen, sino que trabajen con ellos fiel, paciente, y cuidadosamente, hasta que lleguen a ser cristianos fructíferos, que den sabor al mundo a su alrededor con el amor del Redentor." *El plan maestro de evangelismo*, p. 109.

Por tanto, es verdad que los discipuladores deberían tener "nietos espirituales". Debemos estar consciente de que estamos afectando a la siguiente generación más allá del discípulo con el que estamos trabajando. Debemos ser muy cuidadosos de la manera en que edificamos. Asegúrese de que todas sus *metas* y *métodos* sean todos transgeneracionales. Estos serán aprendidos antes que esta clase termine. Propóngase hoy en su corazón y por el resto de su vida establecer metas transgeneracionales en su servicio para Jesús (¡Hasta que El venga!).

El discipulado es desarrollo del liderazgo

UN RESUMEN DEL METODO DE DISCIPULADO DE JESUS

El modelo	El principio	La aplicación
Hechos 1:1 "Comenzó a hacer"—Jesús fue un modelo de vida de lo que deseó que sus discípulos fueran.	El discipulado es ser un ***modelo***.	Un discipulador debe enfocarse en *el desarrollo de las cualidades del carácter piadoso* en el nuevo discípulo.
Hechos 1:1 "Comenzó a enseñar"—Más que modelarlos, Jesús les enseñó la verdad por medio de instrucciones.	El discipulado transmite ***enseñando*** la revelación de Jesús.	Un discipulador debe enfocar en la habilidad del *estudio de la Biblia* con el nuevo discípulo.
Marcos 3:14 "para que estuviesen con él"—Jesús se hizo a sí mismo accesible por una profunda asociación personal.	El discipulado es una ***relación de profunda amistad y confianza***, y no un ***programa mecánico***.	Un discipulador debe trabajar hacia *el desarrollo de una verdadera fraternidad* entre el nuevo discípulo y la familia de Dios.
Marcos 6:7 "comenzó a enviarlos de dos en dos"—Jesús comenzó un proceso que continúa hoy.	El discipulado es un proceso ***transgeneracional*** que implica o incluye ***evangelismo y enseñanza*** (Deuteronomio 6:1, 2).	El discipulador debe equipar al nuevo discípulo en *evangelismo y en habilidad para discipular* (2 Timoteo 2:2).
Marcos 6:30 "Entonces los apóstoles se juntaron con Jesús, y le contaron todo lo que habían hecho, y lo que habían enseñado".	El discipulado vincula ***responsabilidad mutua*** con las órdenes de Jesús y con nuestro ministerio por El.	El discipulador debe modelar *compartiendo y apoyando mutuamente*, mientras *anima y encara* (Gálatas 6:2; Efesios 5:21).
Mateo 4:19 "Venid en pos de mí y os haré pescadores de hombres".	El discipulado es ***habilidad en desarrollo***.	El discipulador debe construir en el nuevo discípulo las *habilidades necesarias* (oración, adoración, enseñanza...).

UN RESUMEN DEL METODO DE DISCIPULADO DE JESUS

El modelo	El principio	La aplicación
Hechos 1:1 "Comenzó a hacer"—Jesús fue un modelo de vida de lo que deseó que sus discípulos fueran.	El discipulado es ser un _____	Un discipulador debe enfocarse en *el desarrollo de las cualidades del carácter piadoso* en el nuevo discípulo.
Hechos 1:1 "Comenzó a enseñar"—Más que modelarlos, Jesús les enseñó la verdad por medio de instrucciones.	El discipulado transmite _____ la revelación de Jesús.	Un discipulador debe enfocar en la habilidad del *estudio de la Biblia* con el nuevo discípulo.
Marcos 3:14 "para que estuviesen con él"—Jesús se hizo a sí mismo accesible por una profunda asociación personal.	El discipulado es una _____ _____, y no un_____.	Un discipulador debe trabajar hacia *el desarrollo de una verdadera fraternidad* entre el nuevo discípulo y la familia de Dios.
Marcos 6:7 "comenzó a enviarlos de dos en dos"—Jesús comenzó un proceso que continúa hoy.	El discipulado es un proceso _____que implica o incluye _____ y _____(Deuteronomio 6:1, 2).	El discipulador debe equipar al nuevo discípulo en *evangelismo y en habilidad para discipular* (2 Timoteo 2:2).
Marcos 6:30 "Entonces los apóstoles se juntaron con Jesús, y le contaron todo lo que habían hecho, y lo que habían enseñado".	El discipulado vincula _____ _____con las órdenes de Jesús y con nuestro ministerio por El.	El discipulador debe modelar *compartiendo y apoyando mutuamente*, mientras *anima y encara* (Gálatas 6:2; Efesios 5:21).
Mateo 4:19 "Venid en pos de mí y os haré pescadores de hombres".	El discipulado es_____ _____.	El discipulador debe construir en el nuevo discípulo las *habilidades necesarias* (oración, adoración, enseñanza...).

APUNTES DEL LIDER PARA LA LECCION 5
EL DISCIPULADO DEMANDA
LIDERAZGO Y DEDICACION

Objetivos de esta lección:

- Desafiar a cada estudiante a que su vida tenga valor para el reino de Dios.
- Ayudar a los estudiantes a diferenciar entre propósito y declaración de metas.
- Ilustrar las características de una persona consagrada y el fruto de su vida.
- Subrayar los costos de una vida consagrada.

EL DISCIPULADO DEMANDA LIDERAZGO Y DEDICACION

I. Viviendo sabiamente

"Parece que no vivimos lo suficiente como para tomar en serio nuestra vida." George Bernard Shaw

Nadie puede decir que no somos personas ocupadas. Continuamente estamos llenando nuestra vida con actividades y agitación, tanto que frases como "no tengo tiempo", "estoy realmente ocupado", "¡niño, estoy cansado!", y "tal vez más tarde" están siempre presentes en nuestro vocabulario.

Ahora, estar ocupado no es un pecado. Pero la tragedia que a menudo ocurre a muchos es que tenemos un entedimiento nebuloso de por qué estamos trabajando tan duro (además de saber a dónde nos está llevando todo este apuro). Es verdaderamente triste que algunos puedan vivir su vida entera, y ciertamente puedan señalar a muchos lauros, sin tener aún la más mínima idea del por qué viven como lo hacen. ¿Vale la pena vivir así?

Una de las consecuencias de nuestra sociedad altamente tecnológica es una lamentable pérdida del significado de la vida y de la dignidad de la persona. Tendemos a sentirnos de poco valor y que tenemos poco impacto sobre el mundo. Porque, "¿quién soy yo comparado con tan grandes problemas en tan inmenso mundo?"

Lo que es aun más trágico es ver cristianos que tienen el "llamado de Cristo Jesús" y que son urgidos a "vivir una vida digna del llamado que han recibido", pero viven en forma tan superficial y totalmente enredados en esta loca carrera sin rumbo.

Pablo nos advierte: "Mirad, pues, con diligencia cómo andéis, no como necios, sino como sabios, aprovechando bien el tiempo, porque los días son malos" (Efesios 5:15, 16).

¿Cómo, entonces, pueden vivir sabiamente los cristianos? Debemos aprender a soñar. ¡Necesitamos llegar a ser visionarios! Necesitamos establecer para nosotros propósitos bíblicos (qué debemos ser) y a partir de estos propósitos establecidos construir metas divinas (qué debemos hacer), y entonces ver que nuestras verdaderas prioridades (nuestro estilo de vida como es realmente vivido) reflejen estos propósitos y metas.

Habiendo soñado, nosotros entonces debemos llegar a ser constantes, guiados por estas orientaciones cristocéntricas. Es sólo con la dedicación continua y el compromiso a los propósitos y planes de Cristo que nuestra vida encontrará un significado real y duradero.

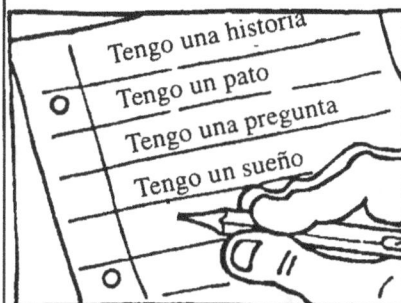

Algunas de las primeras ideas de Martin Luther King para sus discursos.

II. Características de una vida consagrada

A. Las características esenciales de una persona consagrada incluyen idealismo, fervor, devoción, y disposición a sacrificarse para convertir en realidad esos ideales. No sólo es importante tener sueños dignos que seguir, sino también una causa digna por la cual morir.

LECCION 5

E. "Si Ud. hace demandas pequeñas y mediocres a las personas, obtendrá pequeñas y mediocres respuestas..."

Por favor, consulte la ilustración inicial del capítulo 6, "Seleccionando líderes para el discipulado" en la *Estructura del discipulado.*

B. La consagración es contagiosa. El asociarse con personas consagradas producirá consagración en usted. Ser consagrado establece normas. La consagración determina el comportamiento de aquellos asociados con ella.

C. Ser consagrado lo coloca aparte de usted del resto del mundo. Un escritor nos exhorta a ser 100 por 100 en un mundo de 50 por 50.

D. Una persona consagrada no teme tanto equivocarse, como teme cometer el mismo error otra vez. Los tales aprenderán de sus errores.

E. "... Si Ud. haces a las personas exigencias pequeñas y mediocres, obtendrá una pequeña y mediocre respuesta que es lo que merece, pero si les hace grandes exigencias, obtendrá de ellas una respuesta heroica ... Trabaje suponiendo que si pide grandes sacrificios individuales las personas responderán a esto y, además, los sacrificios relativamente pequeños vendrán con completa naturalidad". Douglas Hyde, *Dedication and Leadership*, p. 18.

F. La persona consagrada pospondrá la satisfacción o gratificación inmediata por alcanzar metas de más importancia y a largo plazo. La autodisciplina vencerá los impulsos.

III. Marcas distintivas del liderazgo de discipulado

Un líder es primeramente un agente para el cambio. A menudo pensamos de los líderes como activistas agresivos, individuos que tienen una personalidad atrevida, de articulado decir y agradable apariencia. Frecuentemente creemos que los líderes "nacen" de esa manera. Aunque estas características pueden ser muy útiles al liderazgo, un ingrediente esencial de un líder es la habilidad para ver una necesidad, desarrollar una meta, y finalmente poner en marcha un plan que conduzca hacia esta meta. Esto describe a un discipulador: una persona con visión de Dios unida con fe, que tomará acción. Lo siguiente resalta las marcas distintivas del liderazgo de discipulado:

A. El proceso de convertir a una persona en un líder es el desarrollo de una persona integral. Estos son "aquellos que comprenden lo que creen y están profundamente dedicados a esto, y que tratan sin cesar de relacionar sus creencias con cada faceta de su propia vida y con la sociedad en la que viven". *Dedication and Leadership*, p. 157.

B. El liderazgo no es innato, se aprende.

C. Un líder de discipulado es un termostato en vez de un termómetro. Ellos influyen su ambiente en vez de conformarse al clima de su medio.

D. Los líderes de discipulado son aquellos que se esfuerzan por obtener la excelencia en todo lo que hacen. Intentan, con todos los recursos propios, llegar a ser lo mejor que pueden sin importar la situación. Sea lo que fuere será el mejor ingeniero, albañil, músico, asistente social, o pastor. "Mejor" necesita ser redefinido. Primero, esto debe ser visto como lo mejor que podemos realizar *si hacemos una efectiva evaluación de nuestros recursos*—tiempo, dinero, energía, experiencia, y dones. Entonces debemos determinar qué cantidad de recursos *podemos* dar. Y finalmente, debemos hacer lo mejor, *dada esta situación específica*.

¡Llame a los discípulos a sacrificios cristocéntricos!

"Para ser perfectamente sincero, Sr. Fredricks, estamos buscando a alguien que pueda sobresalir en una multitud"

Por qué los camaleones son líderes malísimos.

IV. Liderazgo natural y espiritual

J. Oswald Sanders, en su libro *Spiritual Leadership*, hace una distinción entre el liderazgo natural dado por Dios y el liderazgo espiritual. El líder espiritual influye en otros, no por el poder de su propia personalidad, sino por la personalidad llena del poder del Espíritu Santo. Algunas distinciones comunes entre liderazgo natural y espiritual incluirán:

Liderazgo natural	Liderazgo espiritual
Autoconfianza	Confianza en Dios
Conocimiento humano	También conocimiento de Dios
Hace sus propias decisiones	Busca hasta encontrar la dirección de Dios
Ambicioso	Modesto
Origina sus propios métodos	Encuentra y sigue los métodos de Dios
Disfruta mandando a otros	Se deleita en obedecer a Dios
Motivado por sus consideraciones personales	Motivado por el amor a Dios y a las personas
Independiente	Dependencia de Dios, e interdependencia del cuerpo

Según estos criterios, cualquiera puede convertirse en líder espiritual después que se comprometa a hacer la voluntad de Dios.

El liderazgo espiritual llega por vía del Espíritu Santo y es algo que deberíamos buscar en oración. No es innato sino que Dios lo desarrolla en nosotros.

V. El costo del liderazgo

"Ninguno necesita aspirar al liderazgo en la obra de Dios si no está preparado a pagar un precio mayor que el que sus contemporáneos y colegas están dispuestos a pagar. El verdadero liderazgo siempre exige un duro sacrificio de todo el hombre y cuanto más eficaz sea el liderazgo, tanto mayor será el precio que tendrá que pagarse." J. Oswald Sanders, *Spiritual Leadership*, p. 104.

A. Autosacrificio: Un precio que debe ser pagado cada día. Pablo fue un notable ejemplo de autosacrificio. 2 Corintios 4:8-11.

B. Soledad: Un discipulador es un creyente comprometido con su crecimiento personal en el Señor. Una persona que crece, frecuentemente se siente empujado a la cabeza del grupo. Aunque puede ser amigable con los otros, hay tiempos en que irá por un sendero solitario. 2 Timoteo 1:15.

C. Fatiga: La siempre creciente demanda hecha al discipulador puede agotar la energía emocional y consumir al físico más robusto. 2 Corintios 4:15, 16.

Desde que Phil dejó su estado de larva, se sintió aislado de los demás.

D. Crítica: Ningún líder está exento de la crítica, y su humildad en ninguna parte será vista más claramente que en la manera en que lo acepta y en su reacción a ella. 1 Corintios 4:3-5.

E. Tiempo de pensar: Un precio que los discipuladores pagan es el tiempo que deben tomar para pensar creativamente y meditar. No consideramos esto como un precio que pagar, pero en verdad lo es. Muchos están demasiado ocupados para dedicar tiempo a pensar realmente. Marcos 6:31.

F. Tomando decisiones difíciles: Todo discipulador debe estar dispuesto a enfrentar dificultades. El temor a desafiar o corregir a aquellos que amamos es a veces una pesada carga, pero no obstante es una necesidad. Hechos 15:36-41.

VI. Trampas en el liderazgo de discipulado

A. Orgullo: La tentación de autofelicitarse está siempre ante el discipulador (en especial en el verdaderamente efectivo), y debemos recordar que nada es más desagradable al Señor que la arrogancia. Este es el primer pecado y el más fundamental.

B. Envidia: Una persona envidiosa es aprehensiva y recelosa de rivales. Algunos rivales pueden llegar a ser nuestros colegas discipuladores. La envidia destruye la unión entre amigos.

C. Infalibilidad: El hombre espiritual debe recordar siempre que está aún expuesto a la carne y que es por tanto de naturaleza falible. Cometeremos errores. Aquel que conoce a Dios será llamado a menudo para que ayude a escuchar la voz de Dios. El juicio del discipulador así siempre está en juego. Debemos admitirlo cuando nos equivocamos, y debemos humildemente aceptar nuestra insuficiencia.

D. Júbilo y depresión: En cada obra para Dios son inevitables los tiempos de desconsuelo y frustración, como también los días de elevación y realización. El discipulador está en peligro de ser indebidamente deprimido por lo uno, e indebidamente jubiloso por lo otro.

VIII. Conclusión

Como indicamos en la introducción, el discipulador efectivo es aquel que piensa claramente en cuanto a las líneas de propósitos, metas, y prioridades. El artículo siguiente por Ted Engstrom será extraordinariamente útil para que determinemos cómo establecer "Metas que movilizan".

METAS QUE MOVILIZAN

Cómo establecer metas y prioridades que muevan al pueblo de Dios hacia sus propósitos. Por Ted Engstrom.

¿Propósitos o metas?

Es importante para el discipulador distinguir entre propósitos y metas específicas, ejecutables, medibles, y manejables. Por ejemplo, defina usted mismo si los siguientes son *propósitos* o *metas*:

• Glorificar a Dios a través de nuestro ministerio universitario
• Ser un cristiano maduro

- Enseñar una efectiva lección en el grupo pequeño
- Ser un buen amigo y ayudador
- Ser un mejor discipulador

Podrá sorprenderlo saber que ninguna de las expresiones escritas arriba son *metas*, sino propósitos. Un propósito es aquello que principalmente esperamos. No es necesariamente susceptible de ser medido en sí mismo, pero es una dirección clara hacia la que deseamos ir.

Nuestras declaraciones de propósito a menudo caen en la categoría de cosas que queremos ser. Ser maduro, ser mejor, ser apto—estos son ideales respecto alrededor de los cuales nos esforzamos. *Pero son nuestras metas las que nos ayudan a determinar cuánto progreso estamos haciendo hacia nuestros propósitos de "ser", si es que hay alguno.*

Abajo hay ejemplos de metas específicas. Yo pienso que fácilmente veremos la diferencia entre propósitos y metas:

El tiro al arco sin blanco le dio a Steve la satisfacción de que nunca fallaría. No obstante, la emoción pronto disminuyó.

- Compartir a Cristo con un inconverso dos veces a la semana
- Pasar 15 minutos en oración cada día
- Diezmar un mínimo del 10% de mis ingresos
- Comer con mi grupo de discipulado una vez a la semana
- Aprender a volar un avión para el fin del verano

Pero por supuesto nadie puede garantizar, por ejemplo, que comer con mi grupo de discipulado una vez a la semana me hará un mejor discipulador. Pero me da un medio específico y tangible de medir este importante propósito en mi vida. Por lo tanto, todo lo de arriba son *metas medibles*.

Comunicar y movilizar

Parece que Dios nos ha creado de manera que respondamos naturalmente con entusiasmo a algo que vale la pena, que sea específico y susceptible de ser medido para ser abordado. *Es por esto que las buenas metas están relacionadas con la fe.*

Propósito = "ser"
Metas = "hacer"

Una meta es una declaración acerca de cómo esperamos que las cosas sean en algún tiempo en el futuro. Es una declaración de *fe*.

Cualquier declaración acerca del mañana es una declaración de fe. Este es un importante concepto. No lo pase por alto. Como dijo el escritor en Hebreos: "Es, pues, la fe la certeza de lo que se espera" (Hebreos 11:1).

Las metas tienen el poder de levantar nuestros ojos desde el barro de abajo hacia el cielo arriba. Son una declaración acerca de lo que podría ser, que debería ser, o que *puede* ser.

Observe que las metas no son una declaración acerca de lo que *será*. Esto está en las manos de Dios. Pero son declaraciones acerca de lo que creemos que Dios quiere que hagamos o seamos, a la luz de su Palabra.

Metas bien escritas

Muchos pueden estar preguntándose en este momento, ¿cómo puedo comenzar a escribir las declaraciones de metas? Sé lo que queremos ser como un ministerio universitario, pero ¿cómo desarrollamos las metas que nos ayudarán a medir nuestros progresos hacia lo que queremos ser? Abajo están algunas declaraciones que pueden ayudarlo.

Las metas bien escritas son:
- Establecidas en términos de resultados finales
- Ejecutables en una cierta duración de tiempo
- Definidas en cuanto a lo que se espera

- Prácticas y factibles
- Establecidas con precisión en términos de cantidades, donde se aplica
- Limitadas a una declaración importante de meta

Las metas pobremente escritas tienden a ser:
- Establecidas en términos de proceso o actividades
- Nunca son rápidamente ejecutables, ni especifican fechas exactas
- Ambiguas en cuanto a las expectativas
- Teóricas o idealistas
- Demasiado breves e indifinidas, o también demasiado largas y complejas
- Escritas con dos o más metas por declaración

Las metas pueden cubrir diferentes períodos de tiempo. Usted puede tener metas *inmediatas* para esta semana, mes y año. Luego puede tener metas a *corto plazo* para los dos o tres años siguientes. Y finalmente puede tener metas a *largo plazo* para cinco años o más.

Otra forma de ver las características de buenas metas es usar los siguientes artículos como la lista de preguntas que hacerse para cualquier meta establecida que ha desarrollado:

- ¿Es esta meta *alcanzable*: cree usted que *puede* llegar a ella (bajo el liderazgo de Dios)?
- ¿Tiene esta meta una *fecha*: sabe *cuándo* quiere alcanzarla?
- ¿Es esta meta *medible*: sabrá que realmente *ha sido alcanzada*?
- ¿Tiene esta meta *pasos* (un plan): sabe *cómo* alcanzar esto?
- ¿Puede esta meta ser *reclamada*: sabe *quién* será responsable del seguimiento del plan?
- ¿Tiene esta meta *sostén*: tenemos los *recursos* para completarla?

"Antes de que te arropemos, hijo, hay algo de lo que tu madre y yo quisiéramos hablarte. ¿Sabes como quisiste ser siempre el próximo Larry Bird?"

El A B C de priorizar

Aún después de haber establecido sus metas, puede haber confusión y desavenencia en el grupo si no le da prioridad. Especialmente con potencial humano, tiempo, y recursos financieros limitados, es importante que determinemos los asuntos principales que requieren de nuestro mejor esfuerzo.

He aquí un pequeño sistema de prioridades que puede ayudarlo a seleccionar los asuntos más importantes. Simplemente se le llama la técnica del ABC. Comience por hacer una lista de todas las metas que ha considerado ...

No hay razón de que tenga *una* sola meta que sea su principal prioridad. Lo más probable es que tenga una cantidad de metas, todas las cuales consideramos número uno.

He aquí una simple y efectiva manera de seleccionar en términos de prioridades. En vez de tratar de asignar a cada meta un *número* de ranking, asígnele un *valor*, un **A, B,** o **C**.

> **A**—"Se debe hacer" o muy alto valor
> **B**—"Se debería hacer" o mediano valor
> **C**—"Se puede hacer" o bajo valor

Usted puede usar la técnica del ABC en una o dos formas. La primera forma es ir a la lista y decidir cuál de estas metas considera que sea la meta **A**. Si es una **B** o **C** déjela pasar. Marque sólo las **A**. Luego regrese a la lista y decida cuál de ellas será la meta **C**, baja prioridad. El resto son automáticamente **B**.

Una segunda forma es detenerse en cada meta y decidir cuál piensa usted que es una **A, B,** o **C.**

No importa cuál de estos métodos use. Algunas personas pueden encontrar uno más fácil que otro.

Recuerde, las metas para las que no tiene prioridades son inútiles.

Metas y liderazgo

No siempre es fácil revestir de carne y huesos el elevado propósito al que Dios nos ha llamado en su Palabra. Pero desarrollar metas realizabables para estos propósitos y darle prioridad puede ser uno de los medios más prácticos y mensurables para la movilización de creyentes para buscar verdaderamente su reino y su justicia.

(Este artículo fue adaptado con permiso a la situación del ministerio universitario. Apareció por primera vez en *Pastoral Renewal*, octubre 1980, Vol. 1, # 4).

Las metas para las cuales no tenemos prioridades son inútiles.

APUNTES DEL LIDER PARA LA LECCION 6
LAS DISCIPLINAS DEL DISCIPULADO

Objetivos de esta lección:

- Hacer una distinción entre castigo y disciplina.

- Comprender las disciplinas espirituales como herramientas de entrenamiento en nuestra vida, individual y colectivamente.

- Aprovechar un repaso general de los muchos tipos de disciplinas espirituales y alentar a los estudiantes en una senda de crecimiento.

- Discutir los obstáculos para vivir una vida disciplinada.

- Destacar algunas herramientas que ayudarán a los estudiantes en el área del manejo del tiempo.

I. Introducción

Usted puede usar la cita del libro de Foster al discutir la diferencia entre la pura fuerza de voluntad y la necesidad de una transformación interior.

P: ¿Cómo somos transformados por el Señor?

P: ¿Cómo podemos cooperar activamente con el Señor para que se produzca una transformación interior?

LAS DISCIPLINAS DEL DISCIPULADO

I. Introducción

La disciplina es entrenamiento que corrige, moldea, y perfecciona la habilidad mental y el carácter moral de una persona. Nosotros pensamos en el castigo primero cuando consideramos la disciplina, pero aun un buen castigo debería servir para sancionar a una persona debido a su falta de dominio propio (confiando que la atención directa ayudará en el desarrollo del autocontrol). Por tanto, disciplinar simplemente significa imponer orden sobre el desorden dentro de la mente, el cuerpo, y el espíritu.

Las disciplinas espirituales son herramientas de entrenamiento para el espiritualmente desordenado que lo ayudarán a crecer en el conocimiento de Dios, crecimiento a la altura de la imagen de Cristo, y crecimiento en un efectivo estilo de vida cristiana. Las disciplinas permiten que el "fruto del Espíritu" produzca una abundante cosecha en nuestra vida de amor, paz, paciencia, bondad, benignidad, fe, mansedumbre, y templanza.

"La superficialidad es la maldición de nuestra era. La doctrina de la satisfacción instantánea es un problema espiritual fundamental. La desesperada necesidad de hoy no es de una mayor cantidad de personas inteligentes, o personas talentosas, sino de personas profundas...

"Ni tampoco deberíamos considerar las disciplinas espirituales como algo insulso, trabajo penoso cuyo objeto sea extinguir la risa de la faz de la tierra. El gozo es la clave principal de todas las disciplinas. El propósito de la disciplina es la liberación de la sofocante esclavitud del interés egoísta y del temor... Cantar, bailar, aun gritar caracterizan las disciplinas de la vida espiritual...

Nuestro método común para tratar con el pecado arraigado, es lanzar un ataque frontal. Confiamos en nuestra fuerza de voluntad y determinación... decidimos nunca más volverlo a hacer; oramos contra él, lo combatimos, le oponemos nuestra voluntad. Pero todo es en vano, y nos encontramos una vez más en quiebra moralmente o, lo que es aun peor, tan orgullosos de nuestra justicia externa que "sepulcros blanqueados" es una leve descripción de nuestra condición...

La fuerza de voluntad nunca vencerá al tratar con los hábitos de pecado profundamente arraigados... La fuerza de voluntad no tiene defensa contra las palabras descuidadas, el momento desprevenido. La voluntad tiene las mismas deficiencias que la ley—puede tratar sólo con lo externo. No es suficiente para producir la transformación necesaria del espíritu interior.

El cambio necesario dentro de nosotros es obra de Dios, no nuestra. Lo que se requiere es una obra u operación interior, y sólo Dios puede hacerla.

Nuestro mundo está hambriento de gente genuinamente cambiadas. Leon Tolstoi observó: "Todos piensan en cambiar a la humanidad y nadie piensa en cambiar él mismo". Estemos entre los que creen que la transformación interior de nuestra vida es una meta digna de nuestro mejor esfuerzo."

(De *Celebration of Discipline* de Richard J. Foster. Enfasis añadido).

LECCION 6

II. Un ejemplo de la sabiduría de Salomón respecto a la disciplina

"El temor de Jehová ...": Esto destaca lo *necio* de menospreciar la disciplina.

"No menosprecies, hijo mío ...": Esto considera la disciplina como una extensión del *amor del Padre*.

"Y gimas al final ...": Esto subraya que la vida sin corrección lleva a una *vida malgastada*.

"Camino a la vida es guardar la instrucción ...": Esto nos dice que todos tenemos influencia sobre otros, sea *influencia positiva o influencia negativa*. Vivir en forma disciplinada es importante en cuanto a la influencia que tengamos.

"El que ama la instrucción ...": Este simple proverbio nos indica que la persona indisciplinada es fácilmente llevada al *mal proceder*.

"El que tiene en poco la disciplina ...": Esto ilustra que la persona indisciplinada *vive odiándose a sí misma*.

II. Un ejemplo de la sabiduría de Salomón respecto a la disciplina

"El principio de la sabiduría es el temor de Jehová; los insensatos desprecian la sabiduría y la enseñanza" (Proverbios 1:7).

"No menosprecies, hijo mío, el castigo de Jehová, ni te fatigues de su corrección; porque Jehová al que ama castiga, como el padre al hijo a quien quiere" (Proverbios 3:11, 12).

"Y gimas al final, cuando se consuma tu carne y tu cuerpo, y digas: ¡Cómo aborrecí el consejo, y mi corazón menospreció la represión; no oí la voz de los que me instruían, y a los que me enseñaban no incliné mi oído! Casi en todo mal he estado, en medio de la sociedad y de la congregación" (Proverbios 5:11-14).

"Camino a la vida es guardar la instrucción; pero quien desecha la represión, yerra" (Proverbios 10:17).

"El que ama la instrucción ama la sabiduría; mas el que aborrece la represión es ignorante" (Proverbios 12:1).

"El que tiene en poco la disciplina menosprecia su alma; mas el que escucha la corrección tiene entendimiento" (Proverbios 15:32).

También vea Proverbios 1:2, 3; 5:21-23; 6:20-23; 9:13-18; 13:18, 24; 15:5-10.

III. Obstáculos a una vida disciplinada

A. La época de permisividad en que vivimos fortalece un enfoque indisciplinado de la vida.

La predominante cosmovisión presupone que nada es universalmente correcto o incorrecto; nada es intrínsecamente bueno o malo. El bien y el mal no son cualidades formadas, esenciales e incambiables de la vida; son sólo descripciones de nuestras percepciones en diferentes situaciones. Todos son realmente "libres" de pensar, vivir y amar como mejor sientan. Por tanto aquí no hay otra pauta a que aspirar, que la "pauta" dentro de cada uno de nosotros.

B. La sobreespiritualización de la espontaneidad.

En algunos círculos cristianos, las cosas planificadas o programadas son frecuentemente vistas como "menos espirituales". La estrategia en el ministerio y las misiones es vista con la sospecha de que la "carne" domina. Sólo aquellas operaciones del Espíritu que ocurren en el momento o que son recibidas mediante una revelación especial tienen peso espiritual. Esto no significa que una revelación especial debe ser en alguna forma socavada. Por el contrario, somos grandemenente bendecidos cuando el Espíritu Santo obra entre nosotros de esta manera. Pero la sobreespiritualización emerge cuando sólo confiamos en la palabra especial. *Esto yerra la dimensión de que el compromiso fiel produce mucho fruto.* A menudo "la espontaneidad espiritual" es sólo una máscara para la irresponsabilidad espiritual.

C. Nosotros desarrollamos una dicotomía sacra/secular.

Tenemos una gran tendencia a dividir nuestra vida entre aquellas cosas que tienen un valor espiritual y el resto que no son espirituales. Esto contradice la verdadera comprensión de la espiritualidad. *Nuestra fe cristiana debe ser integrada en la estructura de nuestra vida normal.* Además, esto es precisamente una tarea esencial de discipulado, dirigir

Señales de alto de la Nueva Era.

discípulos en la concreta comprensión de cómo la relación con Jesús se vincula a su vez con cada fibra de nuestra vida.

D. El fracaso de la iglesia y del hogar de no enseñar las habilidades para la madurez de la vida espiritual.

En muchos casos la vida cristiana normal ha llegado a ser tan indiferente y fortuita como la moderna sociedad secular. *La disciplina causa dolor para provecho*, y vivimos en una sociedad que hará cualquier cosa para evitar el sufrimiento a cualquier precio. A menudo el sufrimiento es comparado con el mal mismo. La iglesia local y el núcleo familiar cristiano deben asumir sus responsabilidades para el entrenamiento de creyentes en rectitud.

IV. Cuatro verdades fundamentales respecto a las disciplinas espirituales

A. Las disciplinas espirituales no son un fin en sí mismas, sino un medio para un mayor fin.

La meta no es ser conocido como un gran orador, sino conocer mejor a Dios. La meta no es vivir una vida rígida, sino llegar a ser tan efectivo como sea posible para el reino de Dios en nuestra vida diaria. "No puedo ver el bosque a causa de los árboles". Esta es a menudo la experiencia de los discípulos. Ellos enfocan tanto el problema inmediato de "no oré hoy" que excluyen observar el cuadro completo de un Dios que quiere estar relacionado conmigo, y quiere que lo conozca a El.

B. La disciplina trae sanidad a nuestra vida quebrada.

Así como la belleza del universo de Dios fue una consecuencia del orden que puso fin al caos primitivo, también el orden que viene a nuestra desordenada vida trae sanidad y belleza. La ira desenfrenada produce daño, pero el enojo expresado bajo el dominio propio que da el Espíritu producirá comprensión, perdón, y sanidad.

Traté de hacer como usted me dijo, doctor, pero simplemente no pude hacerlo. Algunas veces me siento completamente débil".

C. La otra cara de amar con compasión es amar con disciplina.

La carta de Hebreos 12:5-13 cita a Salomón, recordándonos que Dios el Padre disciplina a cada hijo que ama. La madurez y la apropiada auto-comprensión sólo vienen por este tipo de amor con disciplina. Actuar sin disciplina hacia el que está desviándose del camino angosto no demuestra amor de nuestra parte. Recuerde, cuando el Señor Jesús ordena que lo sigamos, sus palabras traen bendición y maldición al mismo tiempo. Bendición, para aquellos que responden a su amor; y destrucción, para aquellos que rechazan su oferta.

D. Las bendiciones llegan al disciplinado.

"Es verdad que ninguna disciplina al presente parece ser causa de gozo, sino de tristeza; pero después da fruto apacible de justicia a los que en ella han sido ejercitados" (Hebreos 12:11).

Sue se dio cuenta de que el templo de su cuerpo se había convertido en una catedral.

V. Las facetas de la disciplina

A. La disciplina de nuestros recursos espirituales

Disciplinas interiores

Meditación	—Salmo 1:1-3
Oración	—Santiago 5:16
Ayuno	—Mateo 6:17, 18
Estudio	—Juan 8:32

Disciplinas externas

Sencillez	—Proverbios 11:28
Solicitud	—Mateo 14:23, 24
Sumisión	—Efesios 5:21
Servicio	—Gálatas 5:13

Disciplinas colectivas

Confesión	—Santiago 5:16
Adoración	—Juan 4:23
Dirección	—Proverbios 3:5, 6
Celebración	—Juan 15:11

Este esquema está adaptado de la estructura de *Celebration of Discipline*, Richard Foster (Harper & Row: 1978).

V. Las facetas de la disciplina

   A. La disciplina de nuestros recursos espirituales

Disciplinas interiores

_____   —Salmo 1:1-3

_____   —Santiago 5:16

_____   —Mateo 6:17, 18

_____   —Juan 8:32

Disciplinas externas

_____   —Proverbios 11:28

_____   —Mateo 14:23, 24

_____   —Efesios 5:21

_____   —Gálatas 5:13

Disciplinas colectivas

_____   —Santiago 5:16

_____   —Juan 4:23

_____   —Proverbios 3:5, 6

_____   —Juan 15:11

Un proyecto de crecimiento espiritual:

El esquema anterior está basado en la estructura del libro de Richard Foster, *Celebration of Discipline*. Este libro ha llenado un vacío que ha existido por varias décadas. Durante más de un siglo muy poco ha sido escrito sobre las disciplinas espirituales. Le recomendamos una de dos cosas:

a.   Consiga una copia del libro de Foster, *Celebration of Discipline*, y léalo durante las vacaciones de Navidad, vacaciones de primavera, vacaciones de verano, o aun mejor...

b.   Haga que este libro sirva como un proyecto de crecimiento espiritual para el próximo año. He aquí 12 disciplinas mencionadas. Estudie y trate de implementar tan enteramente como sea posible una disciplina por mes para el próximo año. Cada capítulo tiene muchas instrucciones prácticas que lo ayudarán a incorporar la disciplina en su vida. Los efectos de este proyecto de crecimiento espiritual sin ninguna duda producirán bendición para toda la vida.

B. Las disciplinas de nuestros recursos materiales

1. Finanzas

   a. Diezmos

   Es un principio del Antiguo Testamento que la décima parte de todo nuestros ingresos pertenecen al Señor y deberíamos darlos al "alfolí" (donde practicamos a diario la comunidad cristiana, donde somos alimentados por la Palabra, donde adoramos, donde ministramos a otros miembros del cuerpo de Cristo, y donde somos responsables ante otros de nuestra fe interior). El Nuevo Testamento explica el principio de que todo pertenece al Señor. En una etapa inicial debería comenzar al menos con el 10 por ciento y entonces ir incrementándose según el Señor guíe. (Para una opción creativa, lea acerca del diezmo graduado en *Rich Christians In An Age of Hunger: A Biblical Study*, Ronald J. Sider, Inter-Varsity Press, 1977).

   b. Ofrendas

   Las ofrendas son dádivas en dinero aparte de nuestro diezmo regular. Considerando que el diezmo debería ir inmediatamente a la comunidad espiritual, las ofrendas podrían ir a las necesidades del reino fuera de la iglesia local, por ejemplo, a misiones o ayudas de beneficencia.

2. Hospitalidad

   Dar ayuda y abrir nuestra residencia a huéspedes o proporcionar compañerismo es un importante tema a lo largo de todo el Antiguo Testamento y central en el estilo de vida de Jesús.

3. Bienes tangibles

   Compartir y dar abiertamente de las bendiciones materiales que hemos recibido por la gracia de Dios (ropa, obsequios, alimentos...) demuestra que a Dios pertenecen todas las cosas y que nuestra buena voluntad es ser un buen mayordomo de estas bendiciones.

C. La disciplina de nuestros recursos en cuanto a relaciones

   He aquí disciplinas que deben ser aprendidas respecto a cómo se relaciona un discípulo con sus padres, profesores, patrones, compañeros, el sexo opuesto, y la comunidad de Cristo, así como consigo mismo.

   Una y otra vez somos llamados en el Nuevo Testamento a demostrar amor y lealtad el uno al otro. Somos constantemente llamados a ministrar a quienes están en derredor nuestro. Todo esto pide la formación, la enseñanza, y el hacer la voluntad de Cristo.

D. La disciplina de nuestros recursos temporales

   Cada año se gradúa alrededor del 25% de la mayoría de los grupos de universitarios. Entre aquellos que se gradúan está aproximadamente el 30% de los líderes de discipulado de grupos. Cada año el 30% de los grupos típicos universitarios están compuestos por nuevos reclutas y conversos. Sin duda, un asunto central en la vida de estos estudiantes es el del tiempo y las prioridades.

La ofrenda debe ser:
1. Regular
2. Consistente y
3. Medida

¿Cómo se supone que hagamos nuevos amigos, si cada vez que invito a alguien tú le echas aceite hirviendo?

Incluido en este manual están dos simples herramientas que pueden ser usadas para aprender a manejar efectivamente el tiempo. La primera es un "Análisis e inventario del tiempo". Esta herramienta requiere persistencia por un período de una semana. Haga siete copias de esta hoja y póngalas en una carpeta. Luego tome esta carpeta consigo dondequiera que vaya por siete días consecutivos. Trate de seleccionar siete días de rutina regular. Puede que sea imposible encontrar siete días normales y regulares de corrido, pero inténtelo de todos modos. Registre cada cosa que está haciendo cada quince minutos cada día durante estos siete días. Luego vea dónde empleó su tiempo. Sin duda corresponderán dentro de categorías tales como: sueño, comida, preparación de comidas y limpieza, higiene personal, estudio, tiempo de clase, recreación, estudio de la Biblia y oración, fraternidad, tiempo de ocio, reuniones... Después que los haya sumado y puesto en categorías, siéntese un tiempo y evalúe cómo pasó su tiempo. Hágase las siguientes preguntas:

- ¿Es consecuente mi uso del tiempo con mis prioridades establecidas?

- ¿Estoy haciendo demasiado una misma cosa?

- ¿Qué estoy descartando que es muy importante para mí?

- ¿Cómo puedo ajustar mi plan de acción para emplear mi tiempo más sabiamente?

Recuerde, sus prioridades son lo que está viviendo, no sólo lo que dice que es importante para usted. Si usted no está empleando sus días de conformidad con sus prioridades establecidas, está viviendo sueños vagos, y en cierto modo, en un mundo irreal. Vuelva a leer el artículo "Metas que movilizan" en la Lección 5 de los *Apuntes del estudiante*, e identifique más claramente sus propósitos en la vida y las metas que usted tiene en mente para realizar estos propósitos.

Es importante recordar otro principio. No hay una directa relación entre la cantidad de tiempo usado y su prioridad en su vida. Sólo porque dormir ocupa la mayor parte de nuestro tiempo, esto no significa que dormir es uno de nuestros mayores propósitos en la vida. Es necesario dormir lo suficiente todos los días, pero esto no es un reflejo directo de nuestros valores. Si usted telefonea a sus padres una vez cada dos semanas, no significa que su relación con ellos no sea importante. El hecho de que tiene un lugar en su agenda es importante. Permita que el Señor traiga el balance en su vida que produce salud espiritual, física, y emocional.

Una "Hoja de programación semanal", es simplemente una segunda herramienta que usará una vez que el análisis de tiempo haya sido completado y usted tenga una idea clara en cuanto a sus propósitos y metas. El priorizar su trabajo puede traer real libertad a una confusa y ocupada programación horaria.

No toma mucho tiempo para que el estudiante universitario reconozca que no puede participar en todo, ni apoyar toda buena causa, ni dar de sí mismo a cada persona necesitada. Todos nosotros estamos enfrentados con la ley de un efectivo estilo de vida disciplinada. La efectivdad demanda elecciones, elecciones, y más elecciones. *Lo que usted elija ahora y a lo largo de su vida, determinará en grado significativo su impacto en el mundo para Cristo.* Las prioridades de su vida son claramente vistas por medio de su uso de tiempo. Si el estar comprometido con Cristo es la más alta prioridad de su vida, pero no se refleja en ninguna parte de su horario semanal, entonces esa prioridad es sólo un sueño o un deseo y no una parte de su verdadera realidad.

Tan importante como es esta área del manejo del tiempo y del dar prioridad a los compromisos en su totalidad, es muy triste ver que muy poco (si algo) de entrenamiento se le da al estudiante antes de llegar a la universidad. A causa de esto, una gran mayoría de estudiantes piensan que no tienen tiempo para participar en una clase bíblica, en clases de extensión, en grupos pequeños, o en reuniones de oración.

Es seguro que la mayoría de los estudiantes universitarios de hoy están consumiendo un mínimo 8-10 horas semanales o están ocupados en cumplir compromisos sin importancia que consumen tiempo.

Los estudiantes cristianos deben estar más disciplinados en el uso de su tiempo. Para eso, más consideraciones tendrán que ir en el ordenamiento de prioridades. Para obtener resultados significativos en el ministerio, estas llegarán a ser una absoluta necesidad. Un líder de un típico grupo pequeño ocupará alrededor de quince horas por semana en la preparación, el liderazgo, y el reforzamiento de su grupo pequeño. Esto incluye las reuniones de grupos grandes y las de liderazgo.

Si estamos seriamente empeñados en alcanzar nuestro mundo, debemos ayudarnos unos a otros a desarrollarnos en nuestro uso del tiempo. En las páginas siguientes usted encontrará varias herramientas que habrán de ser muy útiles.

- *Un estilo de vida de prioridades bíblicas* subraya prioridades en la vida, según Jesús para sus discípulos en Juan 15.

- Las hojas de programas mensuales o semanales nos ayuda a edificar fidelidad, a planear con prioridades en mente y con coherencia.

- Hojas de análisis de tiempo nos ayudan a evaluar en un período base, dónde está nuestro tiempo en la actualidad.

Un estilo de vida de prioridades bíblicas
Ser un mayordomo de mis recursos

Prioridad uno Juan 15:7-11	Prioridad dos Juan 15:12, 13, 15b	Prioridad tres Juan 15:18, 19, 21, 26, 27
Un progresivo compromiso a *Jesucristo*	Un progresivo compromiso al *cuerpo de Cristo*	Un progresivo compromiso a la *obra de Cristo* *en el mundo*
Esto involucra: *estudio bíblico* , *adoración personal* , y *oración* .	Esto implica: *Mi familia* , y *todo el cuerpo de Cristo*	Esto implica: *el mandato evangelístico* y *el mandato de justicia social*
Esto demanda: *tiempo a solas*	Esto demanda: *tiempo de amor* y *servicio* unos y otros	Esto demanda: *tiempo para ir* como un *siervo*
Cuidarse de excesivo énfasis y convertirse en un *fariseo*	Cuidarse de excesivo énfasis y convertirse en un *parásito*	Cuidarse de excesivo énfasis y volverse demasiado *orientado a tareas*

Adaptado de *Discipling Ministries Seminar*, Barnabus, Inc. Usado con permiso, 1991.

Un estilo de vida de prioridades bíblicas
Ser un mayordomo de mis recursos

Prioridad uno Juan 15:7-11	Prioridad dos Juan 15:12, 13, 15b	Prioridad tres Juan 15:18, 19, 21, 26, 27
Un progresivo compromiso a _____	Un progresivo compromiso al _____ _____	Un progresivo compromiso al _____ _____
Esto involucra: _____ , _____ , y_____ .	Esto implica: _____ , y_____ _____	Esto implica: _____ _____ y _____ _____
Esto demanda: _____	Esto demanda: _____y _____ unos y otros	Esto demanda: _____ como un _____
Cuidarse de excesivo énfasis y convertirse en un _____	Cuidarse de excesivo énfasis y convertirse en un _____	Cuidarse de excesivo énfasis y volverse demasiado _____

Adaptado de *Discipling Ministries Seminar*, Barnabus, Inc. Usado con permiso, 1991.

APUNTES DEL LIDER PARA LA LECCION 7
EL DISCIPULADO A TRAVES DE GRUPOS
PEQUEÑOS I: PROPOSITO Y ACTITUD

Objetivos en esta lección:

- Demostrar los precedentes bíblicos e históricos del discipulado en el contexto de grupos pequeños.
- Discutir las distinciones entre discipulado en grupo pequeño y discipulado uno a uno.
- Delinear los propósitos específicos que debe tener un efectivo grupo pequeño de discipulado.
- Describir las actitudes necesarias para ser un efectivo discipulador de grupos pequeños.

B. Recurriendo a precedentes históricos

1. Un ejemplo del Antiguo Testamento—Moisés

Vea la sección tres, Fomentar una estructura de grupo de "Cada miembro es un ministro" del capítulo 5, "Desarrollando un ministerio de discipulado universitario" en la *Estructura de discipulado*.

EL DISCIPULADO A TRAVES DE GRUPOS PEQUEÑOS I: PROPOSITO Y ACTITUD

I. Introducción

Como ya hemos visto a través de nuestro estudio de los Métodos del Maestro, la estrategia de Jesús fue reunir a su alrededor a un pequeño grupo de individuos a quienes más tarde encargaría continuar su obra. La estrategia de discipulado de Jesús consistió en estar con ellos, capacitarlos, y finalmente dar su misión a ellos. El discipulado de Jesús no estuvo enfocado en el contexto de las multitudes, ni tampoco sólo en los individuos. Para Jesús, era en la reunión e interacción de un grupo pequeño de individuos donde se desarrollaba el discipulado—allí fue donde El les transfirió su vida.

Debemos comprender que la experiencia es un ingrediente fundamental en el proceso educativo. Para que las personas experimenten el ministerio, los que somos los líderes debemos darnos a nosotros mismos para entrenarlos. Luego de haberlos entrenado, debemos permitirles experimentar el ministerio a primera mano. Entonces podremos llenar al mundo con líderes diligentes, capacitados, y experimentados a quienes las multitudes seguirán.

II. Razones del discipulado a través de grupos pequeños

A. El método del Maestro y el patrón del Nuevo Testamento en respuesta al mandato de Jesús

1. Jesús y sus discípulos
2. El ejemplo de Pablo respecto del equipo ministerial
3. La dirección de Pablo acerca de que los ancianos provengan de adentro
4. La dirección de Pablo de que los ancianos entrenen a otros

B. Recurriendo a precedentes históricos

1. Un ejemplo del Antiguo Testamento—Moisés

Hallamos un ejemplo de algunos principios en Exodo 18.

> "Entonces el suegro de Moisés le dijo: No está bien lo que haces. Desfallecerás del todo, tú, y también este pueblo que está contigo; porque el trabajo es demasiado pesado para ti; no podrás hacerlo tú solo. Además escoge tú de entre todo el pueblo varones de virtud, temerosos de Dios, varones de verdad, que aborrezcan la avaricia; y ponlos sobre el pueblo por jefes de millares, de centenas, de cincuenta y de diez. Así aliviarás la carga de sobre ti, y la llevarán ellos contigo. Si esto hicieres, y Dios te lo mandare, tú podrás sostenerte, y también todo este pueblo irá en paz a su lugar" (Exodo 18:17, 18, 21, 22b, 23).

III. ¿Grupos pequeños de discipulado o discipulado uno a uno?

En este punto, los estudiantes deben cerrar sus libretas y opinar sobre las ventajas de cada uno de estos enfoques. Es importante que ellos comprendan que ambos modelos de discipulado son valiosos y que tienen ventajas uno respecto del otro. En vez de forzar una elección entre estos dos modelos, la meta de este manual es usar las ventajas de ambos dando prioridad al grupo pequeño de discipulado. Luego hacer el discipulado uno a uno desde el contexto de un grupo pequeño. A medida que opinen, vea cuántas de las ventajas del listado pueden citar y otras adicionales que usted pudiera descubrir.

Aquí la sabiduría de Dios viene a través del suegro de Moisés (Jetro), que era imposible para Moisés cuidar solo de las necesidades del pueblo. Entonces ellos dividieron el pueblo en agrupaciones pequeñas de personas. En este pasaje podemos ver otra vez la necesidad de líderes entrenados que sean moralmente rectos. Moisés no podía pastorear a todo Israel, y nosotros no podemos efectivamente discipular a una gran comunidad de estudiantes cristianos si estamos solos. Debemos estar dispuestos a que otros tomen una gran parte del ministerio de discipulado en la iglesia de Cristo bajo la dirección de Jesús, el Gran Pastor.

"Bueno, aquí viene Sid, y parece que lleva el peso del mundo sobre sus hombros otra vez".

2. Un ejemplo de la iglesia primitiva—Hechos 2:46; 5:42; 20:20

Aquí encontramos el mismo patrón. La iglesia se congregaba en un grupo grande, pero también se reunía en grupos pequeños.

3. Un ejemplo de la historia de la iglesia—el avivamiento wesleyano

George Whitefield, el gran evangelista de Inglaterra, acreditó el duradero impacto de John Wesley, en comparación al decaimiento de su propio ministerio, a estos mismos principios que hemos discutido. Sería sabio de nuestra parte seguir el ejemplo de nuestro Señor y el ejemplo de hermanos que han pasado antes de nosotros.

III. ¿Discipulado en grupos pequeños o discipulado uno a uno?

Miremos algunas de las ventajas de cada uno:

Grupos pequeños de discipulado	Discipulado uno a uno
Más cercano al modelo usado por Jesús y la iglesia del Nuevo Testamento	No es tan difícil como liderar un grupo
Conservación de tiempo	Hace más viable la oportunidad para conocer realmente a un individuo
Estimula la transparencia entre compañeros	Ofrece privacidad e intimidad para problemas muy personales
Permite que la amistad y las relaciones crezcan	Permite la ministración muy directa a la persona
Ofrece una base más amplia de apoyo mutuo	
Pone en libertad dinámicas de grupo para la resolución de problemas y sanidades	
Ayuda a la persona a reconocer que no está sola en sus luchas	
Una base más amplia de oración e intercesión con gran devoción	

Nosotros pensamos que el modelo ideal de discipulado es una combinación de los dos métodos. Esperamos tomar ventajas de los puntos fuertes de ambos para fomentar un discipulado que se construye alrededor de grupos pequeños lo mismo que el tiempo pasado por el líder con los miembros del grupo uno a uno como sea necesario.

El modelo ideal del discipulado no es uno solo sino ambos: el grupo pequeño y el discipulado uno a uno

IV. Los propósitos de grupos pequeños

Por favor, refiérase otra vez a la sección en los *Apuntes del estudiante*, Lección 6 sobre las declaraciones de propósitos y metas. Un propósito identifica lo que usted desea que algo llegue a ser. Cuando el año escolar haya terminado y los miembros del grupo evalúen su experiencia en su grupo pequeño durante ese año, ¿cómo piensa que ellos lo definirían? ¿Qué ha llegado a ser su grupo pequeño?

Si dicen que fue un ambiente de amor donde pudieron ser ellos mismos, y que también se sintieron desafiados a crecer en su relación con Cristo, entonces usted podría decir que se alcanzaron los siguientes propósitos:

- El grupo pequeño existe para glorificar a Dios.

- El grupo pequeño intenta construir fuertes relaciones.

- El grupo pequeño existe para proporcionar un estudio bíblico de buena calidad.

Más aun, cuando estos miembros dicen cosas como estas: "Estudiamos 1 Tesalonicenses este año. Establecimos parejas de oración para el apoyo fuera de las reuniones de grupo pequeño. Realmente tuvimos gran tiempo de adoración en los grupos pequeños", ellos entonces están hablando de las metas que alcanzaron para realizar sus propósitos en sus grupos pequeños. Algunas de sus metas establecidas podrían haber incluido:

- Aprender lo que significa ser un discipulador efectivo, estudiaremos la relación de Pablo con la iglesia de los tesalonicenses.

- Para ayudarnos a construir fuertes amistades cristianas, formaremos parejas y estableceremos compañeros de oración.

- Para crecer en nuestra conciencia de la presencia de Dios aquí en la universidad secular, tendremos tiempo de adoración en grupos pequeños.

Hay cuatro elementos esenciales para un saludable grupo pequeño. Si bien ellos pueden parecer claros en sí mismos, en algunos aspectos, si no están enfocados, serán descuidados. A menudo, el desarrollo de liderazgo y el estilo de vida misionero reciben muy poca atención, mientras que el cuidado espiritual y las relaciones amorosas rápidamente reciben el enfoque principal.

Solamente estableciendo claras declaraciones de propósito y persiguiéndolas podremos asegurar una vida más balanceado en el grupo pequeño.

Estas declaraciones de propósito son muy importantes de destacar.

Algunas personas pueden requerir más cuidado personalizado que otras. Los cristianos nuevos requieren más tiempo uno a uno para ayuda adicional en algunas de las áreas fundamentales, que los cristianos veteranos. También, cristianos maduros que están comenzando a asumir responsabilidades ministeriales pudieran requerir más tiempo uno a uno.

El discipulado no debe crear una dependencia aislada en una persona, sino integrar a la gente en la vida de una comunidad de creyentes mediante relaciones y servicio comprometidos. Cualquier técnica de discipulado debe reflejar esta meta.

El discipulado no es tampoco una relación de consejería prolongada, sino más bien un equipamiento, una relación de apoyo que participa e interactúa con la comunidad de creyentes a su alrededor en maneras constructivas.

IV. Los propósitos de grupos pequeños (¿Por qué tener grupos pequeños?)

Puede haber un gran número de propósitos y expectativas para grupos pequeños. Algunos ministros desarrollan grupos de oración, compañerismo, estudio, recreación, o de evangelismo cuyo propósito es estrechamente definido según el nombre lo implica.

Aunque no hay nada inherentemente malo en este enfoque, es necesario que el liderazgo haya comprendido con claridad el propósito del grupo pequeño y por tanto su naturaleza misma. A menudo fallamos porque estamos estructurando grupos para que realicen cosas que no estaban destinados a hacer ni los líderes jamás entrenados para llevarlas a cabo.

A continuación figuran los cuatro propósitos básicos de nuestro discipulado de grupos pequeños. Usted notará que hemos deliberadamente evitado grupos pequeños demasiado especializados. Nuestra razón se basa en la preocupación de obtener equilibrio e integridad en el entrenamiento y las experiencias de vida del discípulo.

A. Desarrollando liderazgo

Nuestros grupos pequeños existen para desarrollar liderazgo maduro y cristianos cualificados. Muchas veces los estudiantes conocen muy bien lo que quieren, pero poco acerca de lo que necesitan. El discipulador intentará hacer que los miembros del grupo pequeño estén conscientes del campus a su alrededor y de la comisión que Cristo les dio respecto a este lugar. Necesitan ser desafiados a desarrollar visión (personal y colectiva), y también a tener el carácter de Cristo más firmemente edificado en ellos. Necesitarán experimentar oportunidad de liderazgo y necesitarán las habilidades que se requieren para ser un líder y crecer continuamente en liderazgo. Deben ser enseñados a cómo estudiar y pensar por ellos mismos, a oír la voz de Dios, y a obedecerlo.

B. Apropiado ciudado pastoral/supervisión espiritual

La experiencia de grupo pequeño procura proveer a los estudiantes un lugar donde se ofrece alimento espiritual. En este contexto, un discipulador entrenado procurará asistir a los nuevos creyentes en el desarrollo de su relación y comprensión de Jesús. Se debe ayudar a hacer elecciones piadosas en consideración de la moral, los recursos, las relaciones, y la vocación. Además de ser un consejero, el discipulador demostrará, en un medio o ambiente seguro, experiencia de liderazgo espiritual y sumisión a una autoridad que se preocupa.

> ❝ No podemos simplemente trabajar hacia la meta de desarrollar seguidores sanos, pero debemos continuar hasta el punto de equipar a líderes sanos. ❞
> —Brady Bobbink

Consagración		*Integración*	
Desarrollo de liderazgo		**Apropiado cuidado pastoral**	
• estudio bíblico y enseñanza de habilidades		• desarrollo personal	
• oración		• cuidado personal	
• celebración y adoración		• consejería personal	
• filosofía bíblica del liderazgo		• relaciones personales	

Llamar a otros a la obra del discipulado. Modelar el liderazgo bíblico dentro de una comunidad firme y responsable.

Adoración

El principal propósito de cada discípulo es vivir para Dios

Adiestrar a otros para tener un corazón de pastor y expresar el cuidado pastoral.

Continuación	*Aplicación*
Estilo de vida misionero	**Relaciones de amor**
• conocimiento y habilidad ministerial	Enfasis interpersonal en:
• modelo personal	• compartir y soportar
• seguir el llamado de Dios	• dones ministeriales
• aliento mutuo	• confesión
	• sanidad
	• conocer y ser conocido

Dar a los demás las habilidades, el modelo, y los desafíos para alcanzar al mundo evangelísticamente y hacer obras de justicia.

Entrenar y dar oportunidad de amar, servir y ministrar a otros en un compañerismo Cristocéntrico.

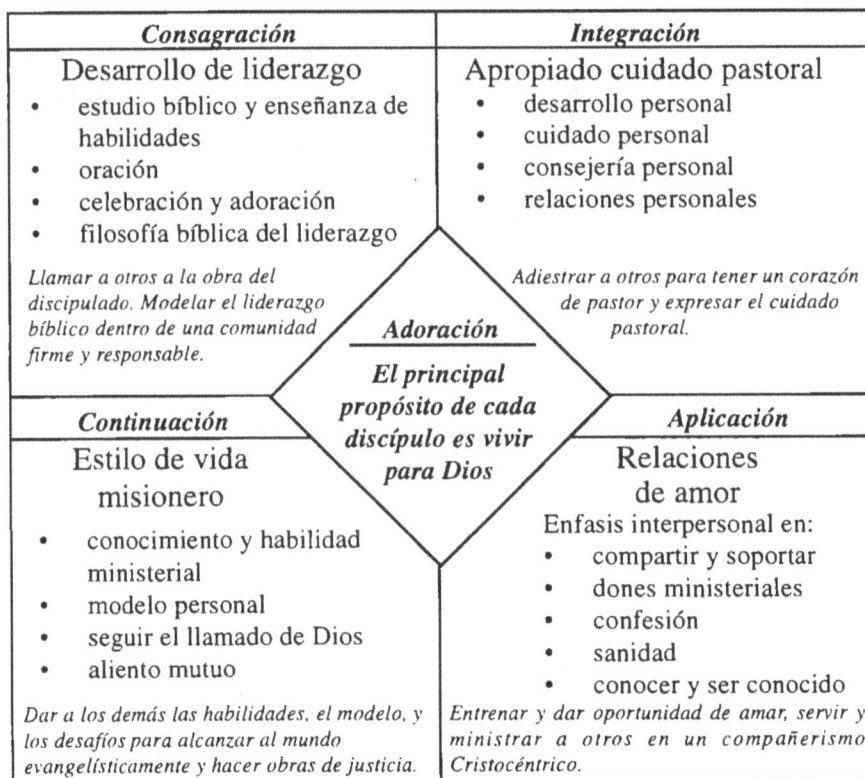

V. Actitudes esenciales para los grupos pequeños de discipulado

Estas actitudes son la descripción de una persona transformada. Nuestra inclinación natural ciertamente no nos lleva a perdonar o confrontar. Estas actitudes encuentran su gran plataforma de expresión en un grupo pequeño. En una reunión de grupo grande, las personas pueden tender a aislarse ellas mismas de estos asuntos, pero en un grupo pequeño reclaman atención.

Todas estas actitudes son muy exigentes. Sin duda la actitud más descuidada es "encarando lo no-encarable". Estudiar las dinámicas de resolución de conflicto mejorará grandemente esta sección.

C. Relaciones de amor

Los grupos pequeños deberían ser un lugar donde se expresaran la confesión de pecado y el perdón, donde la ministración de unos con otros se facilita para la obra del Espíritu Santo a través de los dones de sanidad, fe, sabiduría... El grupo pequeño es un lugar de mutua afirmación y vulnerabilidad y, a partir de esta comunión, se fomentará un sentido de mutua responsabilidad por esta atmósfera de amor. Para muchos, el grupo pequeño puede llegar a ser una familia especial lejos del hogar.

D. Estilo de vida misionero

El propósito de un grupo pequeño es inculcar en cada miembro que Dios declara que tienen un propósito en su mundo. El que ama a Dios lo demostrará por guardar sus mandamientos. Los grupos pequeños necesitan demostrar con hechos de interés y amor a cristianos y no-cristianos. Necesitan ser desafiados a dar muerte al egocentrismo profundamente fijado y estar ocupados en alcanzar su universidad y su mundo para Cristo. Sin este enfoque exterior, el buen enfoque interior eventualmente comenzará a agriarse.

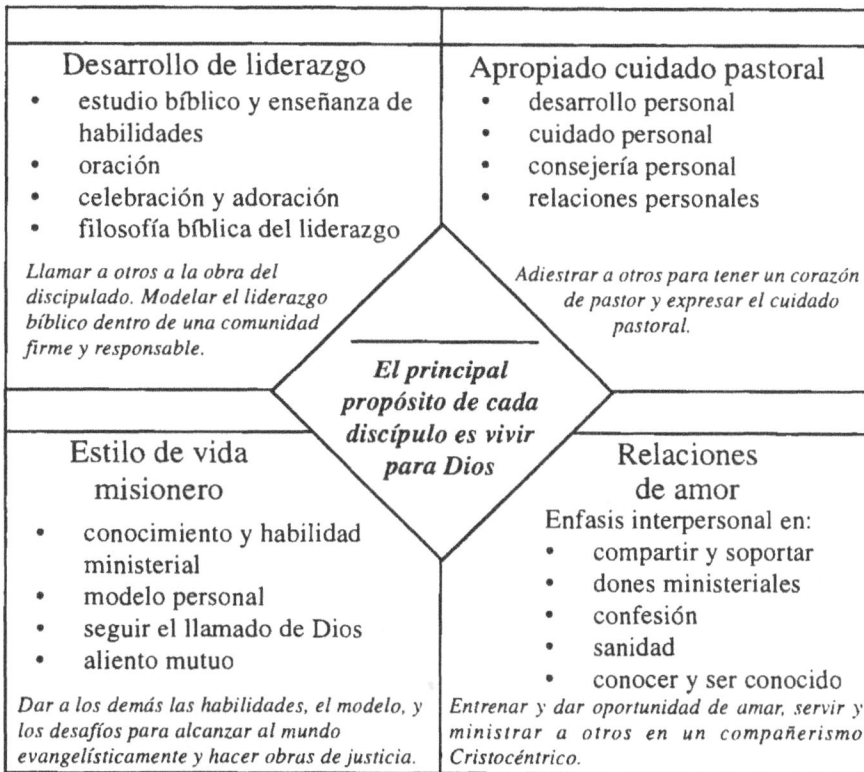

Desarrollo de liderazgo	Apropiado cuidado pastoral
• estudio bíblico y enseñanza de habilidades • oración • celebración y adoración • filosofía bíblica del liderazgo	• desarrollo personal • cuidado personal • consejería personal • relaciones personales
Llamar a otros a la obra del discipulado. Modelar el liderazgo bíblico dentro de una comunidad firme y responsable.	*Adiestrar a otros para tener un corazón de pastor y expresar el cuidado pastoral.*

El principal propósito de cada discípulo es vivir para Dios

Estilo de vida misionero	Relaciones de amor
• conocimiento y habilidad ministerial • modelo personal • seguir el llamado de Dios • aliento mutuo	Enfasis interpersonal en: • compartir y soportar • dones ministeriales • confesión • sanidad • conocer y ser conocido
Dar a los demás las habilidades, el modelo, y los desafíos para alcanzar al mundo evangelísticamente y hacer obras de justicia.	*Entrenar y dar oportunidad de amar, servir y ministrar a otros en un compañerismo Cristocéntrico.*

V. Actitudes fundamentales para los grupos pequeños de discipulado

A. Amando al desagradable

Un líder debe amar a cada miembro del grupo. El amor natural no es suficiente—nosotros debemos ser colmados por el Espíritu Santo y expresar amor ágape. Como líder, usted puede hacer todo perfecto con respecto a la estructura, y reproducir discípulos inefectivos si usted no ama. Por otra parte, un líder joven podría andar tropezando y aun así dejar un impacto duradero en la vida de su grupo pequeño porque él o ella los amó. El amor, en efecto, cubre multitud de pecados e ineptitudes.

B. Aceptando al inaceptable

Como líderes, estamos llamados a expresar los valores del reino y no los valores culturales. Para que un grupo sea efectivo, debemos aceptar a las personas donde están, y gentilmente, con amor, moverlas hacia adelante.

C. Perdonando al imperdonable

Todos fallamos. Nosotros fallamos al no cumplir nuestras propias expectativas y las de otros. La mayoría, o tal vez todos nosotros, libramos nuestras batallas por vivir bajo la ley. Para que un discípulo crezca verdaderamente, él lo hará mejor en una atmósfera de perdón y aliento. En todas las cosas, aplique una alta dosis de gracia. Cuando el pecado se manifieste, conduzca al grupo a través de los pasos bíblicos de confesión, restitución, perdón, y reconciliación, y finalice con una afirmación de aceptación.

D. Enfrentando al inatacable

Nosotros debemos amar con el amor basado en la verdad, y con el bienestar fundamental de la otra persona en mente. Los líderes efectivos no serán producidos donde no hay suficiente amor como para "decir la verdad en amor". Pero recuerde, hable en amor.

El sargento O'Malley, implementando una técnica experimental: Aplicación de la ley sin confrontación.

APUNTES DEL LIDER PARA LA LECCION 8 EL DISCIPULADO A TRAVES DE GRUPOS PEQUEÑOS II: ESTILO DE LIDERAZGO Y DESARROLLO DE GRUPO

Objetivos para esta lección:

- Introducir a los estudiantes al tema de estilos de liderazgo y cómo ajustar esos estilos según las dinámicas del grupo.
- Bosquejar las etapas básicas en una comunidad / formación de grupo que ellos necesitan facilitar en el grupo pequeño.
- Discutir asuntos prácticos respecto de la vida en los grupos pequeños.
- Subrayar, otra vez, el ingrediente necesario de compromiso, pero aquí en el contexto de un grupo pequeño.

I. Discipulado y comunión

Este punto es sólo un recordatorio y despertad el interés en la lección de hoy. Subraya el aspecto de relación del discipulado, pero aquí está enfatizando la necesidad de tener *relaciones significativas* (una relación llena de significado) y *concurrentes* (relaciones que ocurren al mismo tiempo, que existen juntas, a la par, y normal).

La cita de Tavani dice que "la comunión sólo es posible en grupos pequeños". Esto no es minimizar la importancia de una asamblea grande, sino sólo subrayar la necesidad de relaciones profundas, y la profundidad demanda compartir tiempos regulares de buena calidad. Una reunión de grupo grande no fomenta normalmente tiempos como estos.

II. ¿Qué estilo de liderazgo es necesario para un grupo pequeño?

Sea cuidadoso al tratar ese punto en esta sección, pero no en demasía. No haga que se preocupen demasiado por su estilo actual, de modo que ellos empiecen a verlo como un impedimento para el liderazgo. Verlo así frustraría el intento de esta sección.

El intento de esta sección es animar a las personas tímidas e introvertidas en forma tal que les parezcan factibles. Les da sugerencias que les permitirá facilitar la formación de un grupo.

Esto también se dirige al tipo de líder fuerte que tendería a dominar al grupo. La palabra a ellos es servir al grupo como un facilitador y no como un dictador.

Lo animo a hacer una mayor investigación en el área de estilos de liderazgo. Saber cómo ajustar la manera de dirigir conforme las dinámicas del grupo cambian, puede ayudar tanto al pastor de campus como también al líder del grupo pequeño. Una buena fuente de introducción es el libro de Roberta Hestenes, *Using the Bible in Groups* (Westminster Press: 1983). En la página 41 hay un diagrama sobre estilos de liderazgo. Además de una cobertura completa de los métodos de estudio bíblico en grupos, Hestenes abarca los fundamentos de la vida de los grupos pequeños, tales como la razón de ser de los grupos pequeños, tipos de grupos pequeños, etapas de la vida del grupo y el liderazgo en grupos pequeños. Esto hace de este material

EL DISCIPULADO A TRAVES DE GRUPOS PEQUEÑOS II: ESTILO DE LIDERAZGO Y DESARROLLO DE GRUPO

I. Discipulado y comunión

El doctor Nicholas Tavani, un sociólogo cristiano, ha dicho: "La comunión sólo es realidad en grupos pequeños". De esa manera da a entender que el compañerismo (compartir nuestra vida con propósito e intimidad) no puede manifestarse a nivel de un grupo grande (más de 12 personas). El insiste en que es imposible que tengamos *relaciones significativas* con más de una docena de personas a la vez. (Con seguridad el número de amigos íntimos durante toda una vida sería más alto, pero en un día cualquiera de nuestra vida podemos tener no más de una docena). Muchos nunca nos acercamos a tener una docena de amigos íntimos al mismo tiempo. Probablemente la mayoría de nuestras relaciones es con bien conocidos. Algunas personas nunca encuentran un verdadero amigo íntimo durante la mayor parte de su vida. Sin embargo, las Escrituras nos lo piden y Jesús nos modela un estilo de vida franco y abierto que llegue a ser determinante de la forma en que nos relacionamos con otros como cristianos. Por tanto, el compañerismo es un aspecto principal de un grupo pequeño de discipulado.

Compañerismo en muy grande escala.

"Lo que hemos visto y oído, eso os anunciamos, para que también vosotros tengáis comunión con nosotros; y nuestra comunión verdaderamente es con el Padre, y con su Hijo Jesucristo [...] Si andamos en luz, como él está en luz, tenemos comunión unos con otros, y la sangre de Jesucristo su Hijo nos limpia de todo pecado". (1 Juan 1:3, 7).

II. ¿Qué estilo de liderazgo es necesario para un grupo pequeño?

"¡Ese tipo actúa como un dictador!"
"¿Por qué es un líder tan pasivo?"
"Me complace nuestro pastor porque parece un entrenador/pastor."

Nosotros siempre debemos hacer la distinción entre liderazgo natural y liderazgo espiritual. Esa distinción revela cómo es un líder. Consideremos ahora cómo actúa un líder. Ted Engstrom cita un estudio de 200 gerentes que abrumadoramente han reconocido que la más importante cualidad de un ejecutivo es su *habilidad de llevarse bien con otras personas*. "En el estudio, los ejecutivos consideraron esa habilidad más importante que la inteligencia, la autoridad, el conocimiento, o que la capacidad de trabajo" (*The Making of a Christian Leader*, p. 67).

Un estilo de liderazgo es la forma en que un líder lleva a cabo sus responsabilidades y cómo ese líder es percibido por aquellos que está tratando de dirigir. Mucho ha sido escrito respecto al estilo de liderazgo que debería ser exhibido dada una variedad de situaciones.

Los estudiantes de grupos pequeños han descubierto que hay variados estilos de liderazgo de grupos, algunos son más útiles que otros, y algunos son más apropiados en diferentes períodos en el desarrollo de grupos pequeños.

LECCION 8

un gran auxiliar en las clases de discipulado o para grupos de líderes de recursos. Ningún líder de grupo pequeño debería estar sin esta útil herramienta.

Los cuatro estilos de liderazgo más comunes son:

- Autocrático (dominante, dictatorial)
- Autoritario (definido pero que responde)
- Democrático (centrado en el grupo)
- Que deja hacer (permisivo, pasivo)

De Roberta Hestenes, *Using the Bible in Groups* (Westminster Press: 1983), pp. 40, 41.

III. Etapas la vida del grupo

Estos son principios comprobados que están siendo usados efectivamente en la iglesia norteamericana mundial desde hace mucho. Esta sección intenta ayudar al líder de grupo pequeño a pensar en términos de la necesidad de los miembros y cómo esas necesidades cambian durante todo un año de estudios. Estas sugerencias ayudan a construir la comunidad. Ellas también ayudan a pensar respecto de la necesaria transición por la que el grupo necesita pasar. Muchas de estas transiciones necesitan ser nutridas por el líder de un grupo pequeño.

Los cuatro estilos de liderazgo más comunes son:

* _____
* _____
* _____
* _____

Buenas tardes. Yo soy su nueva unidad facilitadora. Tengo la capacidad de dar acceso a todos los versículos de la Escritura en todos los dialectos conocidos en menos de..."

El asunto aquí no es "¿qué tipo de liderazgo es mejor que otros?", sino "¿qué estilo de liderazgo es mejor para este grupo en particular en este tiempo específico?"

El estilo de liderazgo más efectivo es uno que cambia de una primera posición de dominación a una posición, más tarde, de facilitación. En las primeras semanas (2-4 semanas), los miembros del grupo estarán algo incómodos unos con otros e inseguros en lo relativo a qué o cómo compartir propiamente. Un líder bien preparado, con una clara idea de hacia dónde él o ella quiere ir, que está abierto al debate y a la participación activa de los miembros del grupo, puede dar a los que de estos son inexpertos una sensación de dirección y seguridad que es útil en el primer período de vida del grupo. El líder deberá demostrar un modelo del tipo de compartir que él o ella espera que se practique el año entero. Esto significa que el líder debería ser el primero en compartir (historias personales, testimonios, respuestas a preguntas sobre la discusión...) y con eso establecer un patrón que los demás puedan seguir.

Después de este primer período, el líder necesita moverse a un papel de facilitador. Los miembros deben comenzar ahora a experimentar una sensación de pertenencia a su grupo. Ellos ahora están enterándose de la manera apropiada en que deben abrir su vida unos a otros. El líder está entonces para ayudar su compartir, destacar las verdades expresadas, hacer preguntas apropiadas, y establecer la necesaria transición en la reunión. En vez de ser el primero en compartir, él o ella ahora pide a los miembros que dialoguen o respondan. El líder todavía está modelando transparencia y afirmación, pero de una manera menos imperativa o dominante. Algunos han llamado este traslado como un movimiento desde el estilo de liderazgo autoritario a un liderazgo democrático.

Los mejores estilos de liderazgo parecen ser aquellos en que el líder está preparado para hacer sugerencias y guiar en el comienzo fuertemente (autoritario) para moverse tan rápidamente como sea posible a una verdadera pertenencia al grupo compartida por todos sus miembros (democrático). Para el final del año de estudios, los miembros del grupo deberían estar ejercitando muchas de las funciones en el grupo y compartiendo como compañeros en igualdad en la toma de decisiones acerca de los planes y procedimientos futuros.

III. Etapas en la vida del grupo

Al trabajar para formar a los individuos en un grupo, es importante para un líder de grupo pequeño estar enterado de los períodos de vida de un grupo. Los grupos pequeños van continuamente a través de períodos, al comenzar, continuar, y terminar su vida juntos. Al igual que un individuo pasa a través de etapas en su ciclo de vida desde la infancia a la vejez, también los grupos pasan a través de períodos.

A. Testimonio _____

B. Afirmación _____

C. Discipulado _____

Hay como mínimo cuatro períodos a través de los cuales un grupo pequeño de discipulado pasará para alcanzar la salud.

A. _____

En las relaciones sanas, el prerrequisito para amarse es conocerse. Para que un grupo pequeño de discipulado cambie de un conjunto o conglomerado de personas a una comunidad de amor, debe facilitarse una atmósfera de amor y buena acogida. Esto se obtiene mejor si se permite que las personas compartan sus trasfondos, sus historias personales—lo que su pasado ha contribuido a su presente. Las esperanzas y los sueños necesitan ser expresados así como también las metas, el buen éxito, y los fracasos en la vida.

Comience por compartir su historia personal que es menos riesgoso y aun más divertido revelar. Si su grupo planea estar juntos entre 12 a 30 semanas, entonces ocupe las primeras 2 a 4 semanas con un enfoque sobre el compartir testimonios. Establezca un buen fundamento de mutua comprensión.

B. _____

El compartir de su vida personal es una experiencia afirmativa y también lo es tener a un grupo de personas que están interesadas en usted y que se preocupan por usted. Lo que pedimos aquí es una sesión planeada en la que la afirmación es el enfoque principal. Esta es una oportunidad para ir más allá de las expresiones noverbales de aceptación y realmente expresar con palabras el creciente amor e interés del uno por el otro.

Este es un tiempo para que unos a otros se expresen los puntos fuertes que han observado y las cualidades cristianas que más aprecian. Ahora es el tiempo de expresar su calidez y puntualizar verbalmente la aceptación de sus nuevos amigos. Así que inmediatamente después de completar el enfoque de compartir testimonios, sostenga una reunión para afirmarse unos a otros. Periódicamente (una vez cada 8-10 semanas) haga que este sea el enfoque total otra vez. Nosotros estamos llamados a demostrar nuestro amor no sólo mediante acciones, sino también en palabras.

"¿Tú también? Pensé que yo era el único que torturaba a los pequeños roedores antes de comerlos".

COMPARTIENDO TESTIMONIOS Y AFIRMACION

Uno de los más naturales ejercicios de compartir testimonios es hacer que cada uno tome todo el tiempo que necesite para hablar de cómo recibió al Señor Jesucristo. El líder debería compartir primero. Esto dará a usted también un buen indicio para saber dónde se halla en verdad cada uno espiritualmente (y los ayudará en esta misma autocomprensión).

Un tremendo recurso que usted puede usar para estas primeras dos fases de grupo de vida son los materiales escritos por Lyman Coleman en su Serendipity Series. Este autor ha preparado también la *Serendipity Bible for Groups* que combina la NIV Bible con preguntas que ayudan al grupo a compartir y discutir acerca de cada pasaje de la Biblia.

C. _____

El discipulado no necesita ser y no debería ser una experiencia educativa estática. Sin duda se lleva a cabo mejor en el contexto de una relación de amistad fuerte. Es una vergüenza tomar las Palabras de Vida y expresarlas en formas lánguidas. Por tanto, en esta atmósfera de mutua responsabilidad y apoyo comience a vivir el proceso de discipulado ejemplificado por Jesús.

D. Comunión _____

IV. Un conjunto de preguntas en relación a la vida en un grupo pequeño

Las respuestas a estas preguntas representan el ideal en la mayoría de las situaciones. Pero no deben ser consideradas como una nueva ley. A menudo la situación de nuestra universidad carecerá de algunos recursos que necesitamos (por ejemplo, insuficientes líderes de grupos pequeños), o la universidad misma frustrará estos ideales (por ejemplo, una universidad que se encuentra lejos en donde es difícil mantener reuniones por la noche).

Según su situación, usted debe decidir cómo necesitan ser respondidas estas preguntas. De año en año probablemente responderá esas preguntas en forma ligeramente diferente. La meta aquí es tener grupos pequeños que sean lo bastante pequeños como para proporcionar comunión, lo bastante regulares como para estar al corriente unos con otros, y lo bastante confidenciales como para asegurar profundidad al compartir. El cómo se cumplirá esto depende de su propia creatividad.

Esto significa que las *necesidades individuales necesitan ser evaluadas y las metas bíblicas deben ser luego subrayadas.* Hay *habilidades* que deben ser aprendidas (estudio bíblico, oración, testimonio...), hay *sanidades* necesarias (física, emocional, de relación), hay *verdades* que deben ser comprendidas e integradas. Todo esto se manifiesta mejor cuando las metas son establecidas por amigos que nos aceptan y que luego nos darán el apoyo y la ayuda práctica necesarios para que las cumplamos. Durante un año de vida del grupo pequeño el discipulado será el enfoque dominante.

D. _____

Esta última frase es más una declaración de lo que se pretende, que realmente una fase de la vida del grupo pequeño. La comunión nos recuerda que los grupos pequeños de discipulado no son un fin en sí mismos—la comunión es el fin. El propósito fundamental es cumplir el gran mandamiento que Jesús les expresó— amar a Dios con todo nuestro ser y amar a nuestro prójimo como a nosotros mismos.

El grupo pequeño es una estructura que ayuda más a que haya la comunión. Sin embargo, la comunión no está garantizada porque uno se una a un grupo pequeño. Para que la gente crezca en su amor a Dios y a los hombres, deben obedecer primero los mandamientos de Cristo. La comunión de alma y mente es difícil de planear. Con más frecuencia se la ve nacer espontáneamente cuando el pueblo de Dios se reúne en su Nombre para cumplir sus deseos.

IV. Preguntas varias en relación a la vida en un grupo pequeño

A. ¿Cuán grande debería llegar a ser un grupo pequeño?

La experiencia ha demostrado que 4 a 6 personas es un número ideal. Recuerde, en el grupo grande es menor el "tiempo" personal y por lo tanto el crecimiento de relaciones es más lento. Los grupos con más de 6 personas necesitan co-líderes y un contacto personal mutuo y significativo fuera de la reunión del grupo pequeño.

B. ¿Cuánto tiempo debería durar la reunión de grupo pequeño?

Se ha visto que un mínimo de dos horas es necesario para cumplir el propósito y las metas de un grupo pequeño. Sería bastante difícil hacerlo en menos tiempo.

C. ¿Con cuánta frecuencia debería celebrarse una reunión de grupo pequeño y cuándo?

La marcha de los acontecimientos en la universidad es muy rápida y cambiante. Suceden muchas cosas de un día al siguiente. Para que unos a otros estén al tanto, se hace necesario llegar a tener una reunión por semana. El mejor tiempo es al anochecer, pero también muchos grupos exitosos se han reunido por la tarde.

D. ¿Debería el discipulado de grupos pequeños ser mixto o sexualmente segregado?

Aunque ambos tienen mérito, los grupos más exitosos son los segregados según el sexo (hombres o mujeres). Los asuntos de concepto propio, problemas pasados, además de los asuntos sexuales y otros más íntimos son de gran preocupación para el estudiante universitario soltero. Los grupos mixtos han probado ser muy inhibidos y requieren de tal madurez que hay mayor

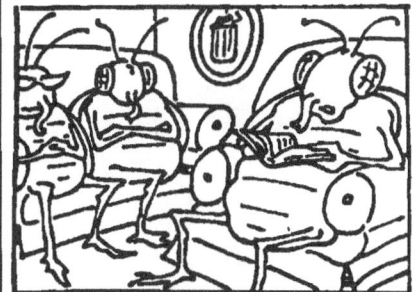

"Se me ha dicho que debemos considerar reunirnos con más frecuencia que una sola vez por semana, puesto que solamente tenemos un período de vida de 4 días".

V. El ingrediente esencial: Compromiso

No se requiere ser una gran persona para ser un creyente, pero sí requiere tomar todo lo que hay de ella. Si nuestras motivaciones son alimentadas por lo que nos hace sentir bien y porque deseamos tener bellas experiencias, entonces no seremos personas de las que se puede depender. El compromiso es la puerta al camino del crecimiento. El compromiso nos fuerza a tomar decisiones, y nuestras decisiones destacan nuestras prioridades. Nuestras decisiones tienen consecuencias tanto positivas como negativas.

Es esencial llamar a los estudiantes a hacer su elección por Cristo y que no permanezcan en el borde. El compromiso con un grupo es un punto esencial para un estudiante cristiano. Es importante tratar con el compromiso temprano en la vida de un grupo pequeño. No evite este punto. Al establecer el punto de compromiso tempranamente cosechará beneficios a lo largo del año de estudios.

posibilidad de que se dispersen. Los grupos segredados parecen aumentar su compromiso y reducir el tiempo de juegos.

He aquí una nota de observación para que sea considerada: los pastores a universitarios han notado que la mayoría de los estudiantes veraderamente prefieren grupos segregados. Con frecuencia las peticiones para grupos mixtos vienen de los hombres y quienes apoyan más firmemente la segregación son las mujeres. Ellos han notado que es mucho más difícil para hombres abrirse y comprometerse con otros hombres, pero esta es un área necesaria de crecimiento para los varones universitarios.

V. El ingrediente esencial: Compromiso

Se ha dicho que una falta de compromiso es semejante a un embrague suelto en un auto. El chofer puede tener años de experiencia, el auto está funcionando bien y potente, la carretera está pavimentada, pero al embragar no se ajustará. Esto puede ser lo mismo con un grupo pequeño. El líder puede estar bien preparado y los miembros tener un corazón cristiano bueno y cálido, pero sin compromiso, el grupo pequeño fracasará. El compromiso es un ingrediente absolutamente esencial en el desarrollo de un grupo lleno de confianza. El compromiso debe ser enseñado, esperado, y modelado.

"Tal vez".

Haga que el punto del compromiso sea el primer asunto de discusión en la primera reunión de grupo pequeño. Use una hoja de pacto como una herramienta para la discusión. (Vea el ejemplo en el Apéndice 5). Un pacto de grupo también definirá las expectativas y límites del compromiso que se pide. Sea firme al respecto. Si alguien no puede declarar su disposición a cumplir con los compromisos mínimos, entonces sugiérales que esperen hasta que su calendario de actividades o prioridades cambien de manera que puedan suscribirse a los compromisos del grupo.

APUNTES DEL LIDER PARA LA LECCION 9 EL DISCIPULADO A TRAVES DE LOS GRUPOS PEQUEÑOS III: FORMATO, FORMACION, Y CONTENIDO

Objetivos de esta lección:

- Destacar la interacción entre la libre operación del Espíritu Santo en nuestra vida particular y la obra regular de las disciplinas espirituales que fomentan el discipulado.
- Describir el formato típico de una reunión de grupo pequeño.
- Proporcionar algunas pautas para la formación de un grupo pequeño de discipulado.
- Discutir los tipos de contenido que pueden ser cubiertos en un grupo pequeño.

II. El discipulado implica tanto la disciplina como la liberación

Los escritores del evangelio nos refieren la historia de los 5.000 a quienes Jesús alimentó. Jesús instruyó a los discípulos que dividieran la multitud en grupos pequeños de 50 cada uno. Cualquiera que haya trabajado alguna vez con grandes grupos de personas puede ver un milagro en el exitoso cumplimiento de esta tarea. Pero el milagro no estuvo en la creación de este ordenamiento. El milagro ocurrió por la intervención de Dios en la multiplicación del alimento.

El orden y la libertad van de la mano. Las disciplinas espirituales construyen este ordenamiento en nuestra vida. La creación de orden donde ha habido caos nos trae sanidad. Pero esto también prepara nuestra vida para que el Espíritu de Dios nos traiga una mayor libertad.

Nosotros necesitamos tanto el orden como la libertad en nuestra vida. El proceso de discipulado debería enfatizar tanto la disciplina regular que fomenta el orden, como la liberación ocasional que trae libertad.

EL DISCIPULADO A TRAVES DE GRUPOS PEQUEÑOS III: FORMATO, FORMACION Y CONTENIDO

I. Introducción

En esta lección continuaremos examinando la dinámica de desarrollar un grupo pequeño de discipulado. Las anteriores dos lecciones estuvieron enfocadas en los propósitos y fases para estos grupos. En esta lección, el enfoque nos llevará al formato, formación y contenido de estos grupos pequeños.

Pero antes de hacerlo, consideremos brevemente un asunto importante acerca de la disciplina y la liberación en el discipulado.

II. El Discipulado implica tanto la disciplina como la liberación

El propósito fundamental de un cristiano es conocer a Dios Padre en una forma personal e íntima, para llegar a ser semejante a Jesús su Hijo, y por medio del poder del Espíritu Santo, vivir como Jesús. Sin embargo, todos nosotros hemos nacido en pecado y nos hemos sentido complacidos "haciendo la voluntad de la carne y de los pensamientos, y éramos por naturaleza hijos de ira, lo mismo que los demás" (Efesios 2:3). Esto significa que todos hemos sido estorbados en nuestro propósito fundamental.

Como señalamos en lecciones anteriores, necesitamos desesperadamente una transformación interior. Esto nos lo ofrece Jesús completo y gratis mediante la fe en su triunfo sobre la cruz y el sepulcro. Somos perdonados delante del Padre y plenamente adoptados en su familia.

No obstante, descubrimos que este continuo crecimiento en Cristo es una necesidad para todos nosotros. Hallamos también, que todavía debemos hacer morir nuestro pasado ante Cristo, y vestirnos con lo nuevo que El nos ofrece.

Para que Jesús traiga libertad a nuestra vida, necesitamos la liberación tanto como la disciplina. *La liberación es un encuentro con Cristo por medio del Espíritu.* Esto puede tener que ver con las fuerzas malignas que nos acosan, con la libertad de un hábito pecaminoso, o con la sanidad en nuestro cuerpo, mente y alma. Estos son los momentos en que Jesús entra poderosamente a nuestra vida y rompe el poder que nos ha esclavizado en alguna forma. Desde este momento experimentamos libertad como nunca conocimos antes. Dios ha intervenido y a partir de ahí nos sentiremos diferentes.

La disciplina, por otra parte, no es instantánea. Se experimenta naturalmente a través del tiempo. *La disciplina es el arrepentimiento practicado.* Cuando nos arrepentimos de nuestro pecado, debemos alejarnos de él para que nuestro arrepentimiento sea real y completo. Las disciplinas espirituales en nuestra vida son maneras en que continuamos expresando el arrepentimiento y que volvemos nuestra vida a Dios. Cuando descartamos la disciplina so pretexto de vivir en "libertad", estamos en esencia torciendo y racionalizando nuestro arrepentimiento y alejándonos de él. Por eso, es el hombre libre y disciplinado quien oye al Señor.

¡Oye Martha! El tipo ese que nos expulsó la semana pasada todavía tiene una habitación".

III. Formato de la reunión de grupos pequeños

Por favor, sea muy cuidadoso al marcar el Formato de Idea al final de esta sección. Este formato es más efectivo cuando se estimula la flexibilidad.

Este formato puede ser de gran ayuda para facilitar los grupos pequeños. Cuando el líder novicio se siente perdido en lo próximo que hará, un cambio en el enfoque del formato puede ser de gran ayuda.

A. *Adoración*

B. *Contenido*

C. *Compartir*

D. *Oración*

El discipulado en el contexto de los grupos pequeños es el contexto más bíblico para que la liberación y la disciplina sean fomentadas. La liberación es más frecuentemente experimentada en el contexto de ministerio colectivo. La disciplina es mejor fomentada donde existen relaciones de apoyo mutuo. El discipulado es el camino para el crecimiento en Cristo.

III. Formato de la reunión de grupos pequeños

¿Qué debe ocurrir en una típica reunión de grupo pequeño? ¿Cuáles son los aspectos básicos de una reunión sana y productiva de testimonios, aprendizaje y crecimiento en Cristo?

A. _____

Este formato intenta describir una típica reunión y no una reunión ideal.

En un grupo pequeño, la adoración podría ser alguna cosa desde una oración en forma de conversación y una canción, a 45 minutos totalmente enfocados en la adoración a Dios a través del canto, las Escrituras, y los dones espirituales. Sin duda su experiencia de adoración será determinada por el estilo con que los miembros se sientan cómodos. Cualquiera sea la expresión que se tome, la adoración es un tiempo de transición de las preocupaciones del día hasta reunirse con otros creyentes para alabar a Dios de quien proviene toda sabiduría y poder.

B. _____

De la adoración ahora nos movemos a la fase de estudio. Este es el tiempo apropiado para enseñar habilidades como estudio bíblico, oración, y testimonio. O el enfoque podría ir de un estudio inductivo de la Biblia a través de un libro del Nuevo Testamento. Las elecciones de la materia de que tratar son casi interminables. Cualquiera fuere el material cubierto, es importante recordar algunos principios en este tiempo de interacción:
- La fase de contenido debería tener como meta principal llamar a cada miembro a llevar a cabo una aplicación personal durante los siguientes días o semanas.
- La enseñanza debería ser dada en forma de discusión y no según el estilo discursivo.

El aprendizaje debería obtenerse mediante el auto-descubrimiento. Los miembros deberían ser animados a apoyar mutuamente sus aplicaciones. Cada uno necesita participar, enseñar, y compartir.

"¿Qué quiso decir Isaías con eso? ¿Y tú, Doug? No hemos escuchado mucho de ti esta noche".

C. _____

El problema de las reuniones orientadas sólo hacia el contenido estriba en que frecuentemente no toca la necesidad personal que los miembros traen consigo a las reuniones del grupo pequeño. Este necesita que sus integrantes estén constantemente al corriente unos de otros, para referirse recíprocamente las alegrías y penas de la semana pasada, para expresar alabanza al Señor por las respuestas a la oración, o para contarse las necesidades que se enfrentarán en las siguientes semanas. Sin este tiempo de compartir, el grupo pequeño se volverá improductivo.

D. _____

Ahora que han escuchado la aplicación de cada miembro al estudio bíblico y/o su necesidad expresada en el tiempo de compartir, ustedes pueden orar específicamente el uno por el otro. La comunión se profundiza entre las personas cuando ellas oran unas por otras. Cuando las respuestas a oración llegan al grupo, ¡habrá todo tipo de vida! A través de la oración de unos por otros,

IV. Algunas ayudas acerca de cómo dirigir la adoración, la conversación, el compartir, y la oración en un grupo pequeño.

No es necesario discutir este material en clase. Es provisto sólo como un recurso que el estudiante puede utilizar para futuras referencias. Asegúrese de dar a los estudiantes copias del Apéndice 8: "Preparándose para enseñar la Palabra", Apéndice 9: "Facilitando la participación en el grupo pequeño", y Apéndice 10: "Guía para resolver problemas en un grupo pequeño".

los miembros reconocerán que Dios verdaderamente cuida de ellos y que los ama tiernamente.

IDEA DE FORMATO

Este formato es para ser usado como una *herramienta* y no como una *regla*. Yendo de una fase a la siguiente debería facilitar el crecimiento y estímulo de todos los miembros. Pero no tome este formato rígidamente. Si la adoración está fluyendo especialmente bien una noche, entonces deje que continúe. Si alguien llegara a la reunión obviamente angustiado, ministre inmediatamente en vez de esperar hasta la fase de compartir para reconocer la necesidad de su amigo. Y si una fase parece atascada una noche, entonces sugiera moverse a la siguiente fase. El líder de grupo pequeño encontrará que esto es una estructura muy útil con la cual operar.

IV. Algunas ayudas acerca de cómo dirigir la adoración, la conversación, el compartir, y la oración en un grupo pequeño.

A. Adoración

- Divida al grupo en mitades, y haga que lean alternadamente un pasaje que usted haya elegido. Los Salmos son ideales para esto.
- Pida a alguien antes de la reunión que comparta un testimonio de la obra de Dios en su vida durante la semana pasada.
- Cante canciones que sean muy familiares para todos, aquellas que ellos conozcan toda la letra. Si usted va a enseñar una nueva canción, tome un buen período de tiempo para hacerlo y luego cántela continuamente 3 a 4 veces.
- Si usted carece de talento musical, entonces seleccione un par de canciones de dos diferentes casetes, téngalos listos para tocarlos, y luego anímelos a cantar acompañados de los casetes.
- Anime a alguien con talento musical a traer su instrumento (guitarra, flauta...), y siga animándolos a crecer en adoración con usted.
- Copie las letras de las canciones y cante con estos cancioneros.
- Tenga algún miembro talentoso preparado para compartir algún número musical especial para empezar la noche.
- Comience el tiempo en grupo con una respuesta a Dios en silencio, y déles un versículo o pensamiento en el cual meditar.
- Conforme canten, pueden cambiar su postura (agacharse, arrodillarse, pararse, levantar las manos, postrarse).
- Escriba de antemano el orden de las canciones y póngalas en un orden lógico (canciones rápidas con canciones rápidas, lentas con lentas, mismo tema...).
- Déles un tema (puede ser la fidelidad de Dios, el amor de Dios) y permita que cada uno haga una breve oración sobre este tema.

"Ahí viene Sue. A propósito, supongo que no le preguntaste ¿qué*clase* de instrumento traería ella?

B. Discusión durante la fase del contenido

- Recuerde que en las primeras etapas de su grupo, usted necesita hacer las preguntas y ser el primero en compartir. Usted debe modelar ante ellos la manera en que espera que compartan.

- Haga preguntas que no puedan ser contestadas con "sí" o "no". Por ejemplo:

  > ¿Qué ves en este pasaje?
  > ¿Cuál es tu reacción a ...?
  > ¿Cómo te sientes acerca de ...?
  > Si el apóstol Pablo te escribiera esto a ti, ¿qué harías?
  > ¿Qué en tu vida corresponde al versículo ...?

- Cuando alguien hace una pregunta, lánzela al resto del grupo. "Qué gran pregunta Tomás. Marcos, ¿cómo podrías responder a ella?"

- Dirija preguntas a personas que son normalmente tranquilas para sacarlas de sí mismas y luego agradézcales inmediatamente el haber respondido.

- Cuando el grupo se desvía hacia una tangente no productiva, dígalo y anímelos a volver al tema original por recordarlo de nuevo.

- Para ayudarlos a preparar un estudio bíblico, observa el Apéndice 8, "Preparándose para enseñar la Palabra".

C. Compartir

- Concéntrese en el estar al corriente unos con otros y haga por tanto preguntas con las que se obtendrá buena información. Por ejemplo:

  > ¿Qué estuvo diciéndote Dios la semana pasada?
  > ¿Cuál fue la cosa más grande que experimentaste la semana pasada?
  > ¿Cuál es la cosa más difícil que has enfrentado últimamente?

- Pídales que refieran al grupo qué sucedió en relación a las cosas por las que oraron en semanas antes.

- Comparta primero sus sentimientos si piensa que ellos están con alguna pequeña vacilación esa noche. ¿Cuál es la cosa principal que está ocurriendo en tu vida y cómo te sientes acerca de esto?

- Dígales que escuchen cuidadosamente lo que la persona a su izquierda refiere, porque usted les pedirá más tarde que oren por ellos.

- Antes, durante, y después de la reunión, confirme a los miembros del grupo, mostrando su aprecio por su apertura. Obviamente no cada noche, pero lo bastante para que ellos estén seguros de que usted lo dice en serio.

- Dos apéndices han sido provistos que usted encontrará especialmente útiles al compartir: Apéndice 9, "Facilitando el compartir en el grupo pequeño", y el Apéndice 10, "Una guía para resolver problemas en un grupo pequeño".

D. Oración

- Ore por las aplicaciones de los demás del estudio bíblico o por las necesidades que ellos expresaron durante el tiempo de compartir.

- Ponga un miembro en medio de un círculo y haga que los demás se reúnan a su alrededor y oren por él. Luego pase al siguiente miembro y haga lo mismo.

- Aliéntelos a orar por el miembro a su derecha y a su izquierda para que todos puedan juntos decir amén.

- Sugiérales que terminen con oraciones cortas y oren tan frecuentemente como quieran.

"Chuck, comencemos contigo. ¿Qué dirías tú que es lo más significativo que te ha ocurrido últimamente?"

"...y por favor, Dios, permíteme encontrar un mamífero grande e hinchado a un lado de la vía camino a casa esta noche... Vaya, de cualquier manera, ¿de quién es esta petición de oración?"

V. Cómo formar un grupo pequeño de discipulado

Esta sección puede ser enriquecida por sus propias sugerencias creativas. Usted tiene una situación única en su universidad y este es un lugar para que resalte lo que cree que va a funcionar bien. Como regla general, los seis puntos mencionados aquí son básicos y proporcionan un buen punto de despegue para el nuevo líder de grupo pequeño.

- Escoja un país o una necesidad en la universidad por lo cual orar y haga de esto el enfoque total.
- Júntense como en un grupo de fútbol norteamericano y oren o haga que todos se tomen de la mano al orar. Esto los ayudará a aprender a "estar en contacto" unos con otros.
- Pase una noche entera en oración. Tal vez usted pueda enfocarse en el formato de ACDS y recorrer el formato fase por fase.
- Instrúyalos a enfocarse en sólo un aspecto mientras oran, por ejemplo, acción de gracias o el amor de Dios.
- Permítales que tomen 10 minutos para escribir una oración y que luego la lean a todos.

V. Cómo formar un grupo pequeño de discipulado

Brevemente, sólo recuerde ahora lo que usted está esperando crear. Un contexto donde algunos estudiantes que han demostrado un deseo de ser fieles al Señor se reunirán semanalmente para compartir en amor fraternal, entrenamiento, y aliento. Ellos probablemente no se conocerán unos a otros, pero necesitan contraer un sólido compromiso unos con otros para que verdaderamente se produzca el crecimiento espiritual. En realidad, ¡el mero desarrollo de esto es un verdadero milagro! Y esto es exactamente lo que usted está confiando que el Señor Jesús hará—utilizarlo a usted para producir un milagro. Bueno, ¿cómo comienza este milagro?

A. *Ore* fervorosamente para que Dios Padre lo dirija a los hombres o mujeres fieles en quienes El desea que usted derrame su vida. También ore que la mayoría de los estudiantes que Dios dirija a usted sean estudiantes de primer y segundo año, orando al mismo tiempo por los de tercero y cuarto año que el Señor ya ha puesto en su vida mediante la amistad. (Una sólida relación de confianza es con mucha frecuencia un ingrediente necesario para tocar para Cristo la vida de los estudiantes de los últimos años).

B. *Haga contactos* con tantas personas como sea posible. Múdese a su dormitorio al comienzo del año escolar y ayude a otros cuando ellos se estén mudando. Disponga una mesa de libros a la entrada de su dormitorio, o ayude con uno fuera del centro estudiantil. Ponga un póster o una invitación al estudio bíblico del grupo pequeño en su puerta. Vista una camiseta del ministerio universitario. Pregunte a los otros miembros de la fraternidad si conocen personas a quienes usted pueda contactar. Revise con el equipo del ministerio universitario para ver si ellos han tenido algunas noticias en cuanto a nuevos estudiantes. Preséntese usted mismo a los visitantes en la reunión semanal principal o a los visitantes en su iglesia local. ¡Sea creativo! Haga todo cuanto pueda para conocer al mayor número de personas en las primeras cuatro semanas de cada período. Recuerde, usted debe hacerlo con una genuina actitud de interés en sus nuevos amigos. Revise frecuentemente las motivaciones de su corazón a través de todo este proceso. (Si no está bien, no deje de conocer a personas, pero ore hasta que llegue a estar bien).

C. *Explique* a los nuevos amigos que está haciendo lo que es un grupo pequeño de discipulado. Describa el impacto que esto ha tenido en su propia vida y por qué cree que es tan importante. Estas situaciones pueden proporcionar una oportunidad para compartir su testimonio y las buenas nuevas de Jesús con algunos que nunca han oído esto claramente.

VI. El contenido de un grupo pequeño de discipulado

Esta sección ciertamente no es conclusiva. Se conoce como la "bomba" principal para ayudar a su pensamiento. El sugerido proceso de cinco pasos probará ser un útil proceso de pensamiento. De la mejor manera que pueda, intente ajustar el contenido a las verdaderas necesidades del grupo pequeño.

D. **Invite** a las personas a un lugar y a una hora predeterminados. Intente explicar el nivel de compromiso necesario para un buen grupo pequeño (tal vez hasta dejar con ellos una copia de una hoja de compromiso para que la vean y la lleven a la reunión). Cuando ellos digan que les gustaría asistir (y será la mayoría) usted necesitará recordarles frecuentemente la hora y el lugar (probablemente tendrá que pasar a buscarlos para traerlos a la primera reunión de grupo pequeño). Si ellos están interesados, pero no pueden asistir en ese horario, usted debería presentarles al líder del grupo pequeño que se reúne a una hora en que ellos pueden asistir. Usted debería estar en contacto con ellos y asegurarse de que ellos pudieron participar en otro grupo pequeño. También invítelos y vaya con ellos a la reunión semanal principal.

E. **Planifique** cuidadosamente para las primeras cuatro reuniones. Usted necesita asegurarse de que todos comprenden la verdad que implica el compromiso, y luego pasar tiempo dando testimonios, además de orar unos por otros. Usted necesita estar organizado especialmente para estas reuniones porque puede estar seguro de que ellos no lo estarán. Tenga la mayoría de los detalles planeados antes de comenzar el semestre para que pueda dedicar la mayor parte de su tiempo a hacer contactos personales y seguimiento con estos nuevos amigos. Este es un tiempo muy importante para que usted esté con ellos construyendo relaciones.

F. **Ore** un poco más. Confíe que Dios hace un milagro delante de sus ojos proveyendo contactos, interés, convicción, amistad, y compromiso. Cuando estas cosas vienen juntas es siempre un milagro del Espíritu de Dios que obra mano a mano con nuestros esfuerzos.

NOTA: La mayoría de los líderes de grupos pequeños encuentran que sólo alrededor del 40% de quienes dicen que están interesados o que dicen que ellos vendrán al grupo pequeño realmente llegan a incorporarse a él. Si usted desea trabajar con unos cinco estudiantes, necesitará obtener respuestas positivas de 10 a 12 personas.

VI. El contenido de un grupo pequeño de discipulado

Ahora que tiene un grupo de estudiantes que han llegado a ser amigos unos con otros, ¿en qué debe discipularlos?, y ¿qué tratará de enseñarles? A continuación se ofrece una lista de asuntos potenciales que usted puede aplicar a su grupo. Usted no podrá de ningún modo cubrir todos estos en un año de estudios, pero ellos pueden ayudarlo a identificar hacia dónde su grupo necesita dirigirse.

1. Habilidad en el estudio bíblico
2. Memorización de las Escrituras
3. Vida personal de oración
4. Adoración
5. Evangelismo personal
6. Habilidades en la construcción de relaciones
7. Señorío de Cristo
8. Doctrinas fundamentales
9. Disciplinas espirituales
10. Fidelidad y compromiso
11. Manejo del tiempo y dinero
12. Dones espirituales
13. Cualidades y habilidades de liderazgo
14. La sexualidad cristiana
15. Autoestima
16. La voluntad y dirección de Dios
17. La seguridad de la salvación
18. Misiones
19. La vida en el Espíritu
20. Tratando con la tentación, el pecado, y Satanás

"Está bien, Dave, pero creo que debemos revisar ésta. ¿Dónde dice en la Biblia que nadie que mida más de 5'8" puede entrar en el reino de los cielos?"

Más allá de esto, probablemente la mejor elección es hacer un estudio de un libro de la Biblia. Cada libro de la Biblia tiene un tema central (muchos libros tienen más de uno). Escoja un libro que indique las necesidades de los miembros del grupo. Por ejemplo, puede elegir:

Salmos .... para descubrir la adoración

Amós .... para aprender sobre la justicia social

El Evangelio de Marcos .... para enseñarnos a servir

El Evangelio de Lucas .... para estudiar la obra del Espíritu en Jesús

Gálatas .... para aprender la diferencia entre vivir bajo la ley y bajo la gracia

Efesios .... para aprender acerca del cuerpo de Cristo

1 Tesalonicenses .... para enseñar sobre el discipulado

Santiago .... para enfocár en el cristianismo práctico

1 Pedro .... para estudiar los sufrimientos del cristiano

VII.   ¿Cómo hacer la elección del contenido para su grupo pequeño?

A. Evalúe su grupo

Observe listas como la de arriba y luego evalúe su grupo. ¿Qué áreas vulnerables se hallan generalmente en los miembros de su grupo?

B. Reconozca la necesidad

Ayude a sus miembros a comprender y reconocer esta área vulnerable. Ayúdelos a apoderarse del problema o área de crecimiento. Ayúdelos a ver la necesidad del crecimiento.

C. Evalúe necesidades mediante el uso de las Escrituras

Vaya a la Palabra de Dios para encontrar solución, dirección, e instrucción. Desde un principio en el año de estudios necesita enseñarles un método simple de estudio bíblico porque usted puede entonces:
1. edificar sobre este fundamento durante todo el año, y
2. capacitarlos para que se alimenten ellos mismos de la Palabra de Dios cuando usted no esté para ayudarlos.

D. Establezca metas

Destaque muy cuidadosamente las metas hacia las cuales usted está trabajando. Necesitan saber hacia dónde está tratando de ir con ellos.

E. Haga un seguimiento con cuidado pastoral

Ore con cada persona conforme tratan de implementar las nuevas habilidades o de sobrepasar el área de tropiezos en su vida.

Al observar este pequeño grupo, Earl comenzó a ver un punto común de debilidad

APUNTES DEL LIDER PARA LA LECCION 10 DISCIPULADO UNO A UNO DESDE EL CONTEXTO DE GRUPOS PEQUEÑOS

Objetivos de esta lección:

- Describir una estrategia para discipulado uno a uno desde el contexto del discipulado de grupo pequeño.
- Destacar habilidades simples y transgeneracionales del discipulado para jóvenes creyentes.
- Describir lo principal para el proceso de ministración personal.

A. Construya una relación llena de confianza

Lo principal aquí es, "el proceso de relación antes que la tarea". Es necesario en las primeras veces que estén juntos dar seguridad a los nuevos conversos de que su importancia es mayor por lo que son que por lo que hacen. Antes de enseñarles habilidades, sea muy cuidadoso en subrayar la relevancia de su mutua relación de amistad. Sea personal en vez de "religioso". Permítales saber quién es usted y cómo Cristo está transformado su vida. Déjeles que vean que ellos no son las únicas personas del planeta con problemas y dudas. Deje que vean que los cristianos son personas reales también.

Usted podría hacer esto si juntos realizan estudios bíblicos sobre relaciones. Enfatice preguntas que enfoquen en su respuesta personal al episodio bíblico. ¿Cómo se relaciona este pasaje a mi vida hoy? ¿Cómo me identifico con los personajes bíblicos? ¿Siento lo que ellos deben haber sentido? En otras palabras, procese su relación mutua antes de enfocar la tarea de las habilidades de entrenamiento.

B. Enseñe cómo estudiar la Biblia

Desde el contexto de una amistad mutua, comience equipando a los nuevos creyentes en las habilidades esenciales. Estas incluyen estudio bíblico, oración, y el proceso de crecimiento personal.

EL DISCIPULADO UNO A UNO DESDE EL CONTEXTO DE GRUPOS PEQUEÑOS

I. Introducción

En la Lección 7, declaramos que el modelo ideal para el discipulado se cumple en el contexto de grupo pequeño desde el que pasamos al discipulado uno a uno. Las Lecciones 7, 8, y 9 enfocaron en el ejemplo bíblico y la práctica de habilidades de grupos pequeños de discipulado. El discipulado en grupos pequeños es principal. En segundo lugar, pero también esencial, es el tiempo uno a uno entre el líder de discipulado y el nuevo discípulo.

Muchas preguntas pueden surgir en relación al discipulado uno a uno.
- ¿Qué debería ocurrir durante este tiempo?
- ¿Acerca de qué pueden hablar?
- ¿Cómo ese tiempo puede ser usado con calidad?

Responder a estas preguntas y enseñar habilidades en el discipulado uno a uno son las metas de esta lección.

II. Una estrategia para el discipulado uno a uno

A. Construya una relación llena de confianza

Como lo indicamos muchas veces, el discipulado fluye desde un contexto de relación. En ningún lugar esto es más obvio que cuando se está sentado en el centro de estudiantes, cara a cara con el nuevo discípulo. Lo que es necesario para construir una relación en el grupo pequeño es absolutamente necesario en el discipulado uno a uno. Por tanto, *comparta más historias personales profundas*. Aprenda tanto como pueda acerca de la persona, mientras que al mismo tiempo le permite que él lo conozca más cabalmente. Como una de las ventajas del tiempo de uno a uno es que puede ser más íntimo, trabaje entonces para construir este punto.

Dedique tiempo al comienzo a compartir más vivencias personales. El amor se edifica sobre el conocimiento. Esto demanda apertura de su parte. De esta forma usted está expresando confianza en la persona y mostrándole que le interesa. Haga (por su parte) todo lo que pueda para entablar una relación de amistad llena de confianza.

B. Enséñeles cómo estudiar la Biblia

Una de las más importantes habilidades que usted puede transferir a un nuevo creyente es la de estudiar la Palabra de Dios. El estudio va más allá de la lectura devocional. Haga todo lo que pueda para desarrollar 2 Timoteo 2:15 en el discípulo: "Procura con diligencia presentarte a Dios aprobado, como obrero que no tiene de qué avergonzarse, *que usa bien la palabra de verdad*".

Obviamente, un curso completo de interpretación bíblica no puede ser mostrado aquí. Usted encontrará una guía respecto de los materiales de estudio en la bibliografía anotada para la interpretación bíblica. Sin embargo, déjenos

"Vaya, esto es embarazoso. Esta es la primera foto de mí. La de la izquierda es mi hermana Clara".

1. Tres componentes de cualquier buen método de estudio bíblico

    a. *Observación*

    b. *Interpretación*

    c. *Aplicación*

    La observación responde a la pregunta "¿qué es lo que dice?". Una buena forma de comenzar es haciendo las viejas preguntas: quién, qué, dónde, cuándo, cómo, y por qué.
    La interpretación responde a la pregunta "¿qué significó para los primeros lectores?"
    La aplicación responde a la pregunta "¿qué significa para mí hoy?"

2. Una herramienta para el estudio bíblico.
    OLOAOE es un acróstico que representa:

    • **O** *ración*

    • **L** *ectura*

    • **O** *bservación*

    • **A** *plicación*

    • **O** *ración*

    • **E** *xpresar*

    Usted estará tratando de cumplir dos cosas al usar la herramienta OLOAOE. Primero, el formato OLOAOE da al discípulo los pasos necesarios para estudiar. Esto lo ayuda a disponer su pensamiento en un patrón ordenado. Y segundo, da a él una herramienta que siempre será capaz de enseñar a otro en un estudio de la Biblia. Por tanto, esta es una habilidad de discipulado transgeneracional. Usted no sólo está entrenando a un discípulo, sino también a las siguientes generaciones de discípulos.

    OLOAOE no intenta ser una herramienta que el creyente usará por el resto de su vida cristiana. A medida que el creyente crezca, sin duda sus habilidades hermenéuticas llegarán a ser más refinadas. Pero es absolutamente esencial que él tenga una habilidad con que comenzar, y una habilidad que se usa para equipar a otros.

    Es importante que el pastor de campus se desarrolle en las habilidades

destacar algunas metas del estudio bíblico y una simple habilidad que usted puede enseñar uno a uno.

1. Tres componentes de cualquier buen método de estudio bíblico.

La meta principal del estudio de las Escrituras es llegar al significado del pasaje. Este significado necesita ser descubierto en tres etapas:

a. _____

Esto siempre ocurre primero. Se busca descubrir los hechos y la estructura del pasaje, a fin de poner un fundamento a la interpretación.

b. _____

Aquí, intentamos responder a la pregunta, "¿qué significó este pasaje para los primeros lectores?" ¿Cuál fue el propósito que tuvo el autor al escribirlo?

c. _____

Carol nunca pasó de la etapa de observación en el estudio de la Biblia.

Este es un proceso mediante el cual el significado del pasaje para los primeros lectores es traducido a nuestra situación actual. Esto contesta la pregunta, "¿qué significa este pasaje para mí?"

Nuestra primera meta en una interpretación bíblica es determinar el significado que el autor trató de comunicar a su auditorio. Por tanto, el significado de un pasaje debe ser lo que los primeros lectores pudieron haber comprendido. Dicho de otra manera, un texto bíblico no debe significar hoy lo que no pudo haber significado cuando fue escrito.

Solamente después de tener una buena idea de lo que el texto significó podemos ver lo que el texto significa para nosotros hoy.

2. Una herramienta para el estudio bíblico

OLOAOE es un acróstico que representa:

- O_____
- L_____
- O_____
- A_____
- O_____
- E_____

El OLOAOE es un modelo adaptado del Seminario Ministerial de Discipulado, Barnabás, Inc. Usado con permiso, 1991.

Observe la hoja OLOAOE en el Apéndice y siga las instrucciones: La primera cosa que se debe hacer es anotar la fecha. Usted descubrirá que esto es un importante diario espiritual después de usarlo fielmente.

Herramientas para el estudio bíblico

Oración

Tenga un momento de quietud en la presencia del Señor, antes de ir a su Palabra. Esto puede ser un tiempo corto o largo de oración. Asegúrese de incluir esto como una parte de su tiempo de oración: "Amado Señor, por favor háblame hoy a través de tu Palabra y mediante tu Espíritu."

de estudio bíblico. Este es otro lugar en donde se necesita realizar una considerable inversión. Sin embargo, recuerde que conforme se haga más perito, necesitará mantenerlo simple para el nuevo discípulo y permitirle crecer a su propia velocidad. El Apéndice 12, *Una guía de recursos materiales para el estudio bíblico* ha sido proporcionado para su beneficio.

Lectura

Lea en voz alta el pasaje. Si es posible, lea el pasaje en diferentes versiones. Haga todo esfuerzo para utilizar tantos sentidos como sea posible. Puede usar algunas ideas creativas del libro de Roberta Hestenes, *Using the Bible in Groups*.

Observación

Ahora es el tiempo de poner por escrito todo lo que pueda observar en el texto. En su observación conteste algunas de las siguientes preguntas.

a. ¿Quiénes son las personas mencionadas, dónde acontece lo referido en este pasaje, cuándo ocurrió?

b. ¿Qué construcciones literarias son significativas, por ejemplo, repeticiones, comparaciones y contrastes, tiempos verbales, causa y efecto?

c. ¿Qué género literario es este, por ejemplo, historia, materiales para la enseñanza, poesía, profecía, parábola?

d. ¿Qué significan las palabras? Busque las palabras importantes en un diccionario y sustituya la definición por la palabra y vuelva a leer el pasaje.

e. ¿Hay alguna progresión o desarrollo lógico de importancia en este pasaje?

f. ¿Cuál es el punto central del pasaje?

g. ¿Qué comprendieron los primeros lectores en su contexto?

Podría ayudar a bosquejar el pasaje, o a parafrasearlo, tratando de mantener el significado, pero usando sus propias palabras.

Aplicación

Ahora es el tiempo de *unir el espacio entre el "allá y entonces" y el "aquí y ahora"*. Haga preguntas de este tipo:

a. ¿Qué asuntos destaca este pasaje que siguen hoy vigentes?

b. ¿Qué dice este pasaje acerca de mi relación con Dios y con otras personas, respecto del pecado en mi vida y en cuanto a mis actitudes?

c. ¿Cómo puedo aplicar esto en los próximos dos días?

d. ¿Qué conducta exige este pasaje que yo ahora no estoy observando?

"Oye Bruce, ayúdanos aquí. ¿Qué posible relación tiene la adoración a los ídolos con el mundo de hoy?"

La aplicación es la parte más difícil de realizar en cualquier método de estudio bíblico. Nosotros tendemos a hacer aplicaciones que son deseos y esperanzas generales. Frecuentemente nos salimos de un texto bíblico con inmensas metas o metas demasiado grandes para ver el crecimiento diario. Esto requiere un verdadero esfuerzo, sin embargo debemos dividir las gigantescas aplicaciones en pequeños pedazos fáciles de masticar. En la aplicación, por sobre todo, ¡sea específico!

Tome los siguientes ejemplos: "Señor, yo quiero ser más disciplinado en mi estudio bíblico". Si bien es admirable, no hay criterio objetivo con el cual el progreso pueda ser medido. Divídalo en algo semejante a: "Señor, en un esfuerzo por llegar a ser más disciplinado en mi estudio bíblico personal, me comprometo a pasar desde las 7:30 a 8:00 de la mañana los lunes, miércoles, y viernes haciendo mi OLOAOE en la epístola a los Filipenses".

C. Enséñeles cómo orar

A *doración* _____
Alabar al Señor por quién El es (enfoque en su naturaleza).

C *onfesión* _____
Declarar a Jesús como Señor de mi vida y pedirle perdón por mis pecados.

D *ar gracias* _____
Alabar al Señor por lo que El ha hecho (enfoque en sus hechos).

S *úplica* _____
Intercesión por mis necesidades y por las necesidades de otros.

      No asuma que la persona de algún modo sabrá cómo orar. El formato de oración de ACDS destaca cuatro componentes básicos de la oración. Estos serían, también, un salto gigantesco hacia adelante para un nuevo creyente. Más allá de enseñarles este formato, lo más beneficioso que usted puede hacer es pasar tiempo en oración con ellos. Su ejemplo dice mucho. Si usted quiere ver fervientes guerreros de oración, entonces oren fervientemente juntos.

Oración

En este punto, entregue a Jesús su aplicación y alabe a El por hablarle. Si quiere, siga el formato de oración citado en la hoja OLOAOE.

Expresar

Encuentre un compañero de oración, de preferencia alguien del grupo pequeño. Déjeles saber lo que Jesús está diciendo a usted y haciendo en usted. Este puede llegar a ser uno de los momentos de mayor calidad en su vida.

Una última recomendación. Cuando use el OLOAOE, construya con consistencia permaneciendo en el mismo libro bíblico o en el mismo tema bíblico. Toda una vida de estudio consecuente cosechará abundantes frutos. Al enseñar estas habilidades sigue este procedimiento:

- Demuestre en una sesión uno a uno cómo hacer el OLOAOE.
- Asígneles hacer tres OLOAOE por semana durante las siguientes dos semanas.
- Reúnase con ellos y repasen juntos los OLOAOE.
- Indique las áreas que se necesita desarrollar.
- Asígneles más trabajo hasta que lleguen a un nivel de maestría de esta herramienta para el estudio bíblico.

C. Enséñeles cómo orar

Además de la habilidad de estudiar la Biblia, es esencial saber cómo orar. Dado que los discípulos preguntaron a Jesús cómo orar, ¡es ciertamente apropiado que nosotros lo pidamos y aprendamos! Como se puede ser ver en la oración del Señor, hay una variedad de componentes en la oración. Una buena herramienta es el *Formato de oración ACDS*. Este es un acróstico para:

A _____

Alabar al Señor por quién El es (enfoque en su naturaleza).

C _____

Reconocer a Jesús como el Señor de mi vida y pedirle perdón por mis pecados.

D _____

Alabar al Señor por lo que El ha hecho (enfoque en sus hechos).

S _____

Intercesión por mis necesidades y por las necesidades de otros.

Aprender a orar de esta manera será una experiencia de crecimiento y madurez para cualquier discípulo. De nuevo, requiera en el uno a uno que ellos oren siguiendo ese formato tres veces por semana durante dos semanas. Entonces después de la sexta vez, disponga que escriben sus reflexiones y pensamientos después de haber orado de esta manera. Esto llevará a un buen tiempo de discusión sobre la oración. No presuma que ellos orarán siempre de esta forma. Pero es una magnífica manera de abrirlos a una mejor vida de oración. Podría ser una excelente idea afirmarlos en la oración pasando tiempo orando juntos en sus reuniones uno a uno. Estas instrucciones unidas con su modelo de oración ayudarán grandemente al discípulo a comunicarse con el Señor Jesús.

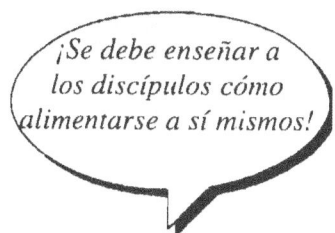

¡Se debe enseñar a los discípulos cómo alimentarse a sí mismos!

D. Determine cuidadosamente las necesidades personales

Con seguridad usted ahora ya estará al tanto de las muchas preocupaciones que enfrenta el nuevo discípulo. De todos modos, es aun muy valioso utilizar la hoja *Necesidades, preocupaciones y problemas* en el Apéndice. Realmente puede usar la hoja frente a él. Conforme él mencione cosas escríbalas en la hoja mientras le pregunta si usted lo está expresando correctamente.

Las cosas que pueden ser mencionadas no necesitan ser todas problemas personales. Las preocupaciones podrían incluir el deseo de testificar más efectivamente, descubrir una forma de servir en la comunidad de creyentes, o servir en su mundo incrédulo.

¿Qué está modelando aquí? Usted está afirmando que confía que Dios puede encontrarnos en donde estemos. Usted está afirmando la fe en Dios. Hablar sólo acerca de problemas, sin moverse de ese punto a la confianza en el Señor, sería un error. Pero considerar juntos su vida establece una agenda para lo que el Señor puede hacer.

E. Ayúdelos a establecer metas de crecimiento personal y espiritual

El ABC del ministerio es una hoja estratégica que sugiere un plan de acción para el discipulador y para que el nuevo creyente escale las montañas de su vida y que proporciona un modelo para un procedimiento saludable de pensamiento. Trata la verdad de los propósitos establecidos (lo que Dios ha designado para nosotros). También desarrolla metas (como caminar en fe hacia los designios de Dios).

Es muy beneficioso usar la hoja ante el discípulo. Esta visualización lo ayuda a ver el proceso que se tomará. Esto impulsa al discipulador y al nuevo creyente a moverse más allá de vagos deseos y a dar pasos importantes hacia el Señor.

Esta hoja puede ser usada no sólo para problemas. Cuando usted trate con el primer paso, Evaluar la necesidad, usted puede seleccionar un área de crecimiento para el nuevo creyente—áreas que no serían categorizadas como "problemas". Por ejemplo, un deseo de aprender cómo dirigir la adoración, testificar a un compañero de curso, o defender a Cristo en las clases. Estos se podrían beneficiar grandemente de la acción estratégica.

Por favor, refiérase de nuevo a los *Apuntes del estudiante*, Lección 5, y el artículo "Metas que movilizan". Esta es una aplicación práctica de ese artículo.

Recuerde, es absolutamente esencial hacer todos los pasos, especialmente el paso seis—Establecer apoyo apropiado. Usted debe hacer un compromiso de ayudarlo/la a través del proceso de crecimiento.

Una nota final. No sólo encontrará que este proceso es útil en el ministerio personal uno a uno, sino que *El ABC del ministerio* describe el proceso básico de ministerio en muchos contextos. Piense en términos de necesidades generales de su grupo pequeño completo o aun en términos de todo su ministerio universitario. Esto describe un proceso de ministerio, esté tratando con una persona o con cien.

D. Determine cuidadosamente las necesidades personales

La primera etapa en el ministerio es conocer las necesidades. Aquí tratamos de entrar en contacto con las tensiones en su vida para ayudarlo a saber cómo alentarlos en su crecimiento espiritual. Una herramienta útil puede ser hallada en el Apéndice 13, *Necesidades, preocupaciones y problemas*. El único propósito de este simple formato es tener una vista general de las áreas de interés en la vida del discípulo según ellos las perciben.

Después que usted les haya enseñado a estudiar la Biblia y a orar, dedique una o dos horas con esta hoja en la mano y hágales describir su vida en las cuatro áreas requeridas en la hoja: necesidades personales y de relación, necesidades familiares, necesidades académicas, y necesidades espirituales. A veces, el solo ayudar la persona a obtener una vista general de las tensiones en su vida puede ser un gran momento de descubrimiento propio. Partiendo de esta perspectiva usted puede luego moverse a tratar algunas áreas específicas del crecimiento necesario en el discípulo.

E. Ayúdelos a establecer metas de crecimiento personal y espiritual

Vea el Apéndice 14, *El ABC del ministerio*. Esto destaca un proceso de cinco etapas en el ministerio personal. Examinemos cada área, un punto a la vez.

"Bien Rick, me siento feliz de que hayamos podido compartir juntos este tiempo especial. Si hay alguna cosa específica por la que te gustaría que yo orara, llámame con toda confianza".

Análisis de la necesidad

Después de haber pasado con ellos por la hoja de *Necesidades, preocupaciones y problemas*, seleccione entonces un área. Usualmente esto es mejor la primera vez, para permitir al discípulo elegir el área en que quieren crecer. Si ellos la seleccionan, probablemente tendrán alguna motivación para realizar la tarea, aumentando de este modo la oportunidad para el crecimiento. Aun si usted discierne que otra área es más necesaria, probablemente es aun mejor para ellos seleccionar la primera área. Ellos estarán más dispuestos a enfrentar con decisión los asuntos después de haber aprendido a trabajar con usted.

En el espacio provisto escriba tan claramente como sea posible el asunto de necesidad, para que todos tengan una clara comprensión de él.

Basándose en la Biblia

¿Qué tiene que decir la Palabra de Dios acerca de este asunto? A menudo esto va directamente al punto, mientras que hay momentos en que encontrar el consejo de la Palabra de Dios es más difícil. Aquí el líder está modelando el uso de la Biblia como nuestra guía para toda fe y práctica. El trabajo cuidadoso ayuda al discípulo a ver que nosotros estamos viviendo bajo la autoridad de la verdad de Dios en vez de hacerlo por cualquier norma impuesta por la moral contemporánea. En este espacio, escriba una declaración resumida del consejo de la Palabra con varias referencias bíblicas citadas.

Crear metas mensurables

De lo que la Biblia instruye, ¿qué debe confiar el discípulo que el Señor hará en su vida? Es importante que la meta sea específica y mensurable. Las

metas vagas son frustrantes y usted nunca estará seguro de si está haciendo algún progreso. Establezca metas respecto a cuánto, cuándo, cuántas veces, con quién... Haga que las metas sean tangibles, pero llenas de fe. Recuerde lo que aprendimos acerca de las metas y los propósitos. "Una meta es una declaración de cómo esperamos que las cosas sucedan en un tiempo futuro. Es una declaración de fe. Advierta que las metas no son declaraciones acerca de lo que será. Esto está en las manos del Señor. Más bien son declaraciones acerca de lo que creemos que Dios quiere que hagamos o seamos, a la luz de su Palabra."

"He tenido esta visión de mí mismo un día teniendo estas alas maravillosas...entonces emigraba miles de millas...¿qué piensas? ¿Es una locura?"

Desarrollar un plan de acción

Ahora tome sus metas y póngalas en una declaración de estrategia. Divida esto en etapas o pasos. ¿Qué hará el discípulo primero, entonces lo siguiente, y después de eso? Si la meta final tomará tres meses para completarse, ¿qué hará el discípulo en el primer mes, el segundo y el tercero? Sea específico y claro.

Establecer apoyo apropiado

Nunca se esperó que intentáramos desarrollar solos nuestra fe en Jesús, pero Cristo nos ha puesto cuidadosamente en su cuerpo. Por tanto, debemos estar allí para ayudarnos unos a otros. Establezca tiempos para evaluación y ajustes. El estímulo será muy necesario. A veces usted necesitará ser un poco duro y exigir que el discípulo permanezca con la mira en la diana del blanco. A veces él puede necesitar que usted lo perdone por fallar y ser capaz de experimentar compasión de primera mano. Supervise regularmente y comprométase usted mismo a observar esto hasta el final con el discípulo.

III. Las habilidades ministeriales deberían ser transgeneracionales

Nosotros hemos dicho ya que el discipulado es un proceso transgeneracional por el cual el mensaje y los métodos del reino de Dios impactan al mundo. Las habilidades usadas en este proceso necesitan ser transgeneracionales también. *Se entiende por habilidad transgeneracional que al enseñar a un discípulo usted necesitará usar lo que ellos a su vez usarán para enseñar a otros posteriormente.*

Esta es la razón de que los formularios usados en esta lección sean simples. No hay nada especial en los formularios. Esto es deliberado. Los formularios usados pueden ser fácilmente reproducidos sobre su servilleta en su restaurante favorito. No hay nada sagrado en cuanto a los formularios, ellos sólo describen el proceso en el ministerio.

Es cruel enseñar a alguien pero privarlo de la fuente para el aprendizaje. Usted no sólo tiene que decir a alguien que vaya de la A a la Z, sino mostrarle también cómo ir de la A a la Z. Al hacer esto, algún día ellos mismos llevarán a otra persona de la A a la Z. Mantenga simples y transgeneracionales las primeras habilidades que use. Sin duda después llegará a ser mucho más sofisticado, *pero asegúrese de que lleven consigo algo que puedan luego pasar a otros.*

APUNTES DEL LIDER PARA LA LECCION 9
EL DISCIPULADO A TRAVES DE LOS GRUPOS PEQUEÑOS III:
FORMATO, FORMACION, Y CONTENIDO

Objetivos de esta lección:

- Destacar la interacción entre la libre operación del Espíritu Santo en nuestra vida particular y la obra regular de las disciplinas espirituales que fomentan el discipulado.
- Describir el formato típico de una reunión de grupo pequeño.
- Proporcionar algunas pautas para la formación de un grupo pequeño de discipulado.
- Discutir los tipos de contenido que pueden ser cubiertos en un grupo pequeño.

II. El discipulado implica tanto la disciplina como la liberación

Los escritores del evangelio nos refieren la historia de los 5.000 a quienes Jesús alimentó. Jesús instruyó a los discípulos que dividieran la multitud en grupos pequeños de 50 cada uno. Cualquiera que haya trabajado alguna vez con grandes grupos de personas puede ver un milagro en el exitoso cumplimiento de esta tarea. Pero el milagro no estuvo en la creación de este ordenamiento. El milagro ocurrió por la intervención de Dios en la multiplicación del alimento.

El orden y la libertad van de la mano. Las disciplinas espirituales construyen este ordenamiento en nuestra vida. La creación de orden donde ha habido caos nos trae sanidad. Pero esto también prepara nuestra vida para que el Espíritu de Dios nos traiga una mayor libertad.

Nosotros necesitamos tanto el orden como la libertad en nuestra vida. El proceso de discipulado debería enfatizar tanto la disciplina regular que fomenta el orden, como la liberación ocasional que trae libertad.

ENFRENTAMIENTO Y RESTAURACION

I. Discipulado y disciplina

"Hermanos, si alguno de entre vosotros se ha extraviado de la verdad, y alguno le hace volver, sepa que el que haga volver al pecador del error de su camino, salvará de muerte un alma, y cubrirá multitud de pecados" (Santiago 5:19, 20).

A veces los discípulos se alejan de la verdad. Las razones esto sucede son muchas. Jesús nos advierte que a algunos la verdad les será arrebatada por Satanás. Otros nunca van más allá del gozo inicial de la salvación. Y aun otros se alejan debido a la tribulación, persecución, o a causa de los engaños de las riquezas y el deseo de las cosas del mundo. En el caso de muchos, ellos realmente no pierden su fe, sino que cesan en el uso de su fe. La negligencia resulta en frialdad en su relación con Cristo, y comienzan a renegar de su compromiso. El doble ánimo toma lugar. De nuevo Santiago nos recuerda: "porque el que duda es semejante a la onda del mar, que es arrastrada por el viento y echada de una parte a otra. No piense, pues, quien tal haga, que recibirá cosa alguna del Señor. El hombre de doble ánimo es inconstante en todos sus caminos" (Santiago 1:6b-8).

Hasta ahora se ha escrito muy poco en cuanto a la restauración de los miembros en el cuerpo local de creyentes cuando van por el mal camino o están atrapados en el pecado. Sin duda este asunto pone nervioso a muchos debido a los grandes errores que se han cometido y que han causado mucho daño a todos los afectados. Hay la tendencia a evitar el asunto o problema en su totalidad. El penetrante individualismo en nuestra sociedad se ha deslizado en nuestros grupos de fraternidad e iglesias, haciendo así que muchos consideren la intervención en la vida de alguien como una intrusión o una violación a su privacidad personal. Llegamos a creer que es poco apropiado hacer preguntas o demandar algo a alguien, temiendo que hemos sobrepasado nuestros límites.

Pero cuando se considera las instrucciones que nos son dadas en la Biblia relativas a la interdependencia de los creyentes, no nos debería sorprender ver mandamientos tales como Mateo 18:15-20 y Gálatas 6:1-5:

"Por tanto, si tu hermano peca contra ti, vé y repréndele estando tú y él solos; si te oyere, has ganado a tu hermano. Mas si no te oyere, toma aún contigo a uno o dos, para que en boca de dos o tres testigos conste toda palabra. Si nos los oyere a ellos, dilo a la iglesia; y si no oyere a la iglesia, tenle por gentil y publicano" (Mateo 18:15-17).

"Hermanos, si alguno fuere sorprendido en alguna falta, vosotros que sois espirituales, restauradle con espíritu de mansedumbre, considerándote a ti mismo, no sea que tú también seas tentado. Sobrellevad los unos las cargas de los otros, y cumplid así la ley de Cristo. Porque el que se cree ser algo, no siendo nada, a sí mismo se engaña. Así que, cada uno someta a prueba su propia obra, y entonces

De pronto Carl es divisado. Sus amigos sentirían un completo alivio, si no fuera por su culpabilidad por haberlo dejado vagar tan lejos de su casa.

tendrá motivo de gloriarse sólo respecto de sí mismo, y no en otro; porque cada uno llevará su propia carga." (Gálatas 6:1-5).

Estos piden una iniciación directa y explícita con alguien en el grupo que está luchando en su caminar cristiano. Este entonces es un asunto vital para todos aquellos que responden al llamado de convertirse en discipuladoreso. Es una responsabilidad esencial en el proceso del discipulado.

II. Disciplina para el discípulo descarriado

Recordemos algunas cosas mencionadas en una lección previa. "La disciplina es entrenamiento que corrige, moldea, y perfecciona las habilidades mentales y el carácter moral de una persona. Muchas veces pensamos primero en el castigo cuando consideramos la disciplina, pero aun el buen castigo debería servir para sancionar a una persona debido a su falta de dominio propio (confiando que la atención directa ayudará en el desarrollo del dominio propio). Por tanto, disciplinar simplemente significa imponer orden sobre el desorden dentro de la mente, el corazón, y el espíritu."

Cada discípulo se somete a disciplina divina. El autor de Hebreos nos dice que "Dios nos disciplina para nuestro bien, para que podamos compartir su santidad."

"Si soportáis la disciplina, Dios os trata como a hijos; porque ¿qué hijo es aquel a quien el padre no disciplina? Pero si se os deja sin disciplina, de la cual todos han sido participantes, entonces sois bastardos, y no hijos. Por otra parte, tuvimos a nuestros padres terrenales que nos disciplinaban, y los venerábamos. ¿Por qué no obedeceremos mucho mejor al Padre de los espíritus, y viviremos? Y aquéllos, ciertamente por pocos días nos disciplinaban como a ellos les parecía, pero éste para lo que nos es provechoso, para que participemos de su santidad. Es verdad que ninguna disciplina al presente parece ser causa de gozo, sino de tristeza; pero despés da fruto apacible de justicia a los que en ella han sido ejercitados" (Hebreos 12:7-11).

La disciplina que estamos enfocando en esta lección es aquella necesaria de dar a un hermano o hermana que se está alejando de la verdad. Su vida eterna está en riesgo.

En la Lección 8 dijimos que "la disciplina es el arrepentimiento practicado". Disciplinar a un hermano sorprendido en pecado, es traerlo a los fundamentos de su salvación y su relación con Dios. Significa hablarles de nuevo el mensaje de gracia y llamarlos a arrepentirse de su insensatez. ¿Cómo se nos instruye a llevar a cabo este proceso de disciplina?

III. Ocasión para disciplinar: "Si tu hermano peca"

"Por tanto, si tu hermano peca contra ti, vé y repréndele estando tú y él solos" Mateo 18:5a. Los eruditos debaten el significado "contra ti" en este pasaje. Algunos piensan que se refiere sólo a pecado directo que te hace daño a ti. Otros piensan que "contra ti" significa que tú eres el testigo del problema. Probablemente ambas posiciones son correctas. (De hecho, muchos de los antiguos manuscritos omiten las palabras "contra ti" en el pasaje. Esto haría el mandamiento aun más simple. Si estás enterado de que tu hermano está en pecado, entonces debes ir a él).

La negligencia no es excusable por ningún motivo. Demasiado a menudo nos parecemos a Caín cuando dijo a Dios: "¿Soy yo acaso guarda de mi

hermano?" Este pasaje parece subrayar que ya que somos hermanos y hermanas en Cristo, tenemos responsabilidades unos con otros. Una de estas responsabilidades es preocuparse lo suficiente unos de otros como para intervenir durante tiempos de extravío espiritual.

Debemos recordar que vivir una vida espiritual es una realidad en la cual el pecado y la rectitud son mutuamente excluyentes. Consecuentemente, aunque los actos de pecado estén encubiertos, los síntomas de enfermedad espiritual eventualmente aparecerán en algún lugar. Cuando las señales reveladoras del pecado hacen su aparición, el discipulador está forzado a investigar en la vida del individuo de que se trate. Esto no es un asunto de intromisión en la vida privada de la gente; es un intento de ayudarlos a volver al camino de la fe. Por tanto, la fraternidad no anda buscando pecados escondidos. Así como en la evangelización, también en la disciplina estamos buscando discipulado, que por su naturaleza es abierto y visible.

¿Qué tipos de pecado nos deben preocupar? Las obras de la carne que Pablo cita en Gálatas 5 inmediatamente precede la lista del fruto del Espíritu y las instrucciones para restaurar a un hermano sorprendido en transgresión. La siguiente lista nos puede ayudar en cuanto a lo que Pablo pretende que sea de nuestra preocupación.

Edna y Wilbur estaban seguros de que si se dejaba que el pequeño Pete se las arreglara solo, éste pronto vería lo desatinado de sus caminos.

OBRAS DE LA CARNE **Gálatas 5:19-21**
Inmoralidad .... principalmente referido a inmoralidad sexual de cualquier tipo. Era tan común en la antigüedad grecorromana que no era considerada como especialmente censurable. Nuestra cultura no es muy diferente. La "preferencia sexual" o más aun el "sexo seguro" son realmente inmoralidad revestida.
Inmundicia .... como una herida sucia o un árbol sin podar. Ser impuro significa que uno no puede acercarse al Dios santo.
Sensualidad, ... dispuesto a todo placer sin ninguna restricción para lascivia cualquier deseo. El hedonismo, como se lo llama hoy, es glorificado en nuestra cultura por la búsqueda de "estilos de vida de los ricos y famosos".
Idolatría .... donde las cosas materiales han tomado el lugar de Dios. Nuestra cultura no promueve la construcción de estatuas que adorar, pero nos llama a adorar el poder, la fama, la riqueza, la seguridad... La idolatría es cualquier sustituto del Dios vivo y verdadero.
Hechicería .... literalmente el "uso de drogas", principalmente para uso en brujería. El uso de drogas y el incremento de lo oculto son dos asuntos con los cuales nuestra cultura lucha para tratarlos efectivamente.
Enemistades .... sentimientos, intenciones, o acciones hostiles. Aquí los ejemplos son numerosos (abusos de niños, abuso de la esposa, violación, terrorismo, agresión internacional) y cada uno es experimentado en proporciones nunca vistas antes en la historia de la humanidad.

OBRAS DE LA CARNE
Gálatas 5:19-21

Pleitos	rivalidad que encuentra su salida en peleas y reyertas. Lo opuesto a la pendencia es la paz.
Celos	deseo de tener lo que otra persona tiene. Nuestro apremio por consumir y poseer que inflama e impulsa todo el capitalismo occidental.
Iras	explosiones de mal genio, rabia que afecta física, mental, y emocionalmente.
Rivalidades	ambición egoísta. Describe al hombre que quiere un empleo, no por motivos de servicio, sino por lo que puede sacar de provecho.
Disensiones	cuando miembros de un grupo se apartan en vez de reunirse. El individualismo occidental fomentado, nutrido, defendido y promovido.
Alborotos	pandillas en las cuales las personas que tienen diferentes puntos de vista terminan odiando no los puntos de vista del otro, sino odiándose unos a otros.
Envidias	envidia del hecho de que alguien tenga algo. El espíritu envidioso que no puede soportar ver la prosperidad de otros.
Borracheras	la excesiva indulgencia en la bebida fuerte, que debilita el control racional y moral sobre las palabras y la acción. Unilateralmente señalada por administradores y estudiantes como el problema número uno en la universidad hoy.
Orgías	siempre en estrecha asociación con la borrachera, esto es probablemente equivalente a lo que la comunidad universitaria llama "parranda". Significa orgías no restringidas, placer que ha degenerado en libertinaje.

"Démosle un minuto, hijo. Es una avispa loca lo que está allí adentro".

Un punto común en toda la lista, es que en una forma u otra todos son un pecado contra las relaciones. Esta lista no pretende ser conclusiva. Pero usted puede creer que está enfrentando correctamente si una de las anteriores está involucrada.

IV. La meta de la disciplina: "Si se arrepiente, entonces perdona"

Debemos recordarnos continuamente que el objetivo de la disciplina no es llevar a cabo correctamente las instrucciones específicas en la restauración (aunque debemos hacer eso), sino ganar de nuevo a nuestro hermano a través del arrepentimiento para con Dios.

Hagamos una distinción entre amonestación y excomunión.

"Si soy cristiano, lo que hago es asunto de mi hermano y mi hermana."
—John H. Yoder

- amonestación .... este es un suave, amoroso, pero firme reproche en consejería y una advertencia contra el pecado o falta.
- excomunión .... este es un proceso por el cual un miembro del cuerpo es excluido de la fraternidad (apartado del cuerpo).

Jesús, muy claramente, enseña ambas acciones en Mateo 18, pero más claramente en un proceso de ir de la amonestación a la excomunión. Ya que El enseña ambas, debemos tomarlas muy seriamente.

Un testimonio verdaderamente peligroso de cualquier testigo de fraternidad ante Dios y en el mundo es su habilidad de ver el pecado de un hermano o hermana y no hacer nada al respecto. Por otra parte, la fraternidad es perjudicada por una excomunión festinada, pues entonces la comunidad cristiana llega a ser considerada (con buena razón) como un cuerpo no interesado en la restauración de sus miembros a Dios, sino en su propia imagen.

El enfoque inicial en el acto disciplinario, sea que se llame amonestación, exhortación, reproche, reprobación, corrección o cualquier otro término, debe ser visto como una presentación del evangelio. Esto debe ser realizado con una sincera apelación personal. "Si alguno fuere sorprendido en alguna falta, vosotros que sois espirituales, restauradle con espíritu de mansedumbre", escribe el apóstol Pablo en Gálatas 6:1.

"¿Mi brazo izquierdo? Oh, descubrí que yo tenía una cutícula desgarrada y me lo hize remover naturalmente."

"La amonestación de un pecador dentro de la iglesia es análogo al evangelismo fuera de la iglesia. Así como en el evangelismo el arrepentimiento resulta en el perdón y la fraternidad, en la disciplina la respuesta a la palabra de amonestación resulta también en el perdón y la continua fraternidad. De la manera que en el evangelismo el rechazo de un individuo del evangelio es causa de que no sea incorporado al cuerpo de Cristo, así también en la disciplina el rechazo de un individuo a la palabra de amonestación es razón de que se lo excluya del cuerpo de Cristo. La única diferencia es que la amonestación comienza con el pecador en la iglesia, mientras que el evangelismo comienza con uno que está fuera de la iglesia." Marlin Jeschke, *Discipling the Brother*, (Herald Press, 1972) p. 85.

Mediante este proceso se procura obtener una confesión de pecado sincera. Esta es la meta obvia de la instrucción de Mateo 18. Esta confesión de pecado conlleva una comunión renovada entre el pecador y Dios Padre. El arrepentimiento de la vida pecaminosa debe entonces seguir, y el arrepentimiento puede ser visto como el indicador de un compañerismo renovado en el cuerpo de Cristo.

V. Requisitos para ejecutar disciplina: "Vosotros que sois espirituales..."

A. ¿Quiénes son los "espirituales"?

Veamos en Gálatas 5. En los versículos 18-25, Pablo dice a los creyentes que "anden" y "sean guiados" por el Espíritu. Un enfoque que podemos notar es que Pablo espera ver rectas acciones que emanen de un pensamiento recto.

B. ¿Cómo llega uno a ser "espiritual"?

En los versículos 24 y 25 Pablo agrega: "Pero los que son de Cristo han crucificado la carne con sus pasiones y deseos. Si vivimos por el Espíritu, andemos también por el Espíritu." Una persona espiritual es una que hace morir los actos pecaminosos en su vida. Han llegado a odiar el pecado y sus efectos en su vida. Más allá de esto, el hombre espiritual es uno caracterizado por el fruto del Espíritu (Gálatas 5:22, 23). Este fruto no debe ser visto meramente como actitudes correctas o disposiciones, sino como manifestaciones que emanan de nosotros como del Espíritu.

Ya que usted es espiritual, es también el que, habiendo visto la transgresión, debe ir donde su hermano y gentil, pero firmemente restaurarlo al Señor.

"Hermanos, si alguno fuere sorprendo en alguna falta vosotros que sois espirituales, restauradle con espíritu de mansedumbre". Gálatas 6:1

VI. La sanidad en la disciplina: "Restaura a aquel"

"Restaurar" se usa para hacer un arreglo y para el trabajo de un cirujano que extirpa algún tumor del cuerpo de un hombre o al componer un miembro roto del cuerpo.

Debemos restaurar a alguien que se arrepiente. El verdadero arrepentimiento se evidencia por la tristeza que produce la convicción del Espíritu. Es mucho más que decir "lo siento". Tal tristeza es causa de mucho bien en nuestra vida. Pablo describe esto a los corintios: "Porque habéis sido contristados según Dios ... porque la tristeza que es según Dios produce arrepentimiento para salvación, de que no hay que arrepentirse; pero la tristeza del mundo produce muerte. Porque he aquí, esto mismo de que hayáis sido contristados según Dios, ¡qué solicitud produjo en vosotros, qué defensa, qué indignación, qué temor, qué ardiente afecto, qué celo, y qué vindicación! ..." (2 Corintios 7:9-11).

Por tanto, podríamos proponer las siguientes pautas:
- Restaurar a alguien que se arrepiente.
- Disciplinar a alguien que no se arrepiente.

VII. Primer paso de la disciplina: "Considerándote a ti mismo, no sea que tú también seas tentado" (Gálatas 6:1)

Comience por usted mismo. Ande con un espíritu de mansedumbre. Se cuenta que el gran predicador de Chicago, D.L. Moody, yendo una vez por una calle, al ver a un borracho tirado en la cuneta, se volvió a su amigo, y le dijo: "Si no fuera por la gracia de Dios, allí estaría yo". Debemos comenzar con un cuidadoso autoexamen y arrepentimiento ante el Señor de nuestras propias tentaciones. No debemos envanecernos por la gracia que hemos recibido. Esto desvirtúa completamente la obra de la gracia en nuestra vida. Con un renovado sentido de nuestra propia posición ante Cristo, un pecador salvado por gracia a través de la fe, debemos entonces ir a nuestro hermano.

"¡Vaya! No es de extrañar que él estuviese teniendo problemas para ver claramente".

Un importante asunto más—perdone a su hermano de corazón antes de ir. El gran contexto de las palabras de Jesús en Mateo 18 es como sigue. En los versículos 7-9, Jesús nos enseña a despojarnos de todo lo que nos pueda impedir entrar en el reino de los cielos. Haga una cirugía profunda donde sea necesario. Luego en los versículos 10-14, él nos dice que el Buen Pastor va tras una oveja de entre cien. El describe el gozo del Padre cuando una oveja perdida regresa. Siguiendo llegamos a nuestro pasaje de hoy: "Si tu hermano peca contra ti, vé". Luego él nos habla de la oración por aquellos que se desvían, y afirma que cuando dos o tres están de acuerdo en esto, será hecho por el Padre en los cielos. Sin embargo, Jesús guarda el punto principal para el final. En los versículos 21-35, El cuenta una historia de un siervo a quien se le perdona una deuda increíble, pero que a su vez y por el contrario castiga a alguien que le debe el salario de un día de trabajo. Jesús dice que este siervo poco misericordioso será castigado muy severamente. Las últimas palabras de Jesús dicen mucho: "Así también mi Padre celestial hará con vosotros si no perdonáis *de todo corazón* cada uno a su hermano sus ofensas" (Mateo 29:35).

"¿Y por qué miras la paja que está en el ojo de tu hermano, y no echas de ver la viga que está en tu propio ojo? ¿O cómo dirás a tu hermano: Déjame sacar la paja de tu ojo, y he aquí la viga en el ojo tuyo? ¡Hipócrita! Saca primero la viga de tu propio ojo, y entonces verás bien para sacar la paja del ojo de tu hermano." (Mateo 7:3-5)

VIII. Juntando todo: Cómo enfrentar y restaurar

A. Introspección personal

Evalúe su propia vida, y asegúrese que está "caminando en el Espíritu", esto es "sigue siendo espiritual".

B. Distinga entre pecados y diferencias

Asegúrese de que está evaluando a su hermano descarriado según una perspectiva bíblica. Asegúrese de que lo que está enfrentando es pecado y no un asunto de conciencia. Refiérase a las "obras de la carne" como una pauta inicial.

C. Ore

Confiese su necesidad del perdón de Cristo; alábelo por su abundante gracia en su vida; ore para que no sea tentado, pida dirección.

D. Perdone

Perdone a su hermano de corazón. Sea misericordioso.

E. Enfrente personalmente

Vaya donde el hermano descarriado y discuta el área de interés. Si en verdad es cierto que ha pecado, entonces pida la confesión de este pecado y pida un alejamiento de este pecado. Haga esto con un espíritu de mansedumbre, mientras que al mismo tiempo no se aparte de la verdad de la Palabra de Dios.

F. Mantenga la confidencialidad

Mantenga este conocimiento en un círculo lo más pequeño posible. No cuente a todos acerca del pecado de su hermano o aun de que usted lo va a ver. El objetivo es que usted "gane" a su hermano y luego le permita restablecer el compañerismo con el cuerpo de Cristo. Si el arrepentido desea testificar acerca de su regreso al Señor, deje que él elija. (A menos, por supuesto, que la naturaleza del pecado haya causado daño directo al cuerpo local, o que fue un líder espiritual el que pecó. Los ancianos deben ser disciplinados públicamente, pero siempre con misericordia. 1 Timoteo 5:19, 20.

Cuando la oveja se descarría.

G. Incluya testigo(s)

Si su hermano no se arrepiente, entonces vaya con uno o dos más. Nuevamente pida que deje el pecado y se vuelva al Señor.

H. Incluya al liderazgo

Si aún no hay respuesta positiva, entonces acérquese al liderazgo de la iglesia y haga que ellos enfrenten al hermano. Si el hermano persiste en su pecado, entonces decide con el liderazgo la mejor manera de presentar el asunto ante el cuerpo.

I. Mantenga la restauración como el objetivo

Recuerde, el objetivo de la disciplina es ganar un hermano y no principalmente mantener una comunidad pura, por lo menos no al principio. El asunto de la pureza del cuerpo viene después de que la pureza personal haya sido tratada de conseguir al máximo.

J. Celebre la restauración

Jesús refiere una parábola en la que un pastor deja su rebaño de 99 ovejas para ir tras una oveja perdida, con el fin de que esta pueda ser restaurada al redil. Inmediatamente después de esta parábola está la parábola de la mujer que pierde una moneda y la busca hasta hallarla. La encuentra y llama a todas sus amigas y vecinas y tiene ¡una fiesta! Y finalmente, Jesús cuenta una última historia acerca de cosas perdidas. La parábola del hijo pródigo. Cuando el hijo vuelve al hogar de su padre se celebra la reconciliación (Lucas 14:1-32).

"Mas era necesario hacer fiesta y regocijarnos, porque este tu hermano era muerto, y ha revivido; se había perdido, y es hallado." Lucas 15:32

No debe temer un fracaso personal en el enfrentamiento y restauración. Esto sólo quita el enfoque de la persona herida y lo pone en usted mismo. Además de eso, nuestra vida debe ser vivida con fe, y esto ciertamente hará que su fe crezca. Y lo que es más importante aun, la eternidad está en juego para el transgresor.

"Mejor es reprensión manifiesta que amor oculto. Fieles son las heridas del que ama; pero inoportunos los besos del que aborrece."
Proverbios 27:5, 6

APUNTES DEL LIDER PARA LA LECCION 12 LAS CUALIDADES NECESARIAS PARA SER UN DISCIPULADOR EFICAZ

Objetivos de esta lección:

- Proporcionar una guía para el discipulador en formación, a fin de determinar su preparación para discipular.
- Dar al liderazgo del ministerio universitario una dirección que usar en la selección de liderazgo para el discipulado.
- Enfatizar los puntos esenciales internos antes que las habilidades externas.

II. Elementos esenciales para un discipulador de grupo pequeño

Para ayudar en la presentación de esta lección, revise por favor el capítulo 1 de la *Estructura de discipulado* titulado "Fundamentos del discipulado". Después, revise el capítulo 6, "Seleccionando líderes para el discipulado".

A. Carácter piadoso

Asegúrese de explicar cómo "estas cualidades no son *enseñadas* sino *alcanzadas*".

LAS CUALIDADES NECESARIAS PARA SER UN DISCIPULADOR EFICAZ

I. ¿Listo para discipular?

Así que ahora usted está listo para ser un discipulador de grupo pequeño. ¿Lo está? ¿Como determina una persona su propia preparación? ¿Con qué medida o guía uno puede evaluar si debe dar un paso de fe y asumir el liderazgo? Cualquiera que toma seriamente el mandamiento del Señor de "discipular naciones" se hará este tipo de preguntas.

En esta lección veremos dos medidas o varas de medición por las que nos podemos medir, extraídas de las experiencias prácticas en el ministerio universitario y del apóstol Pablo.

II. Elementos esenciales para un discipulador de grupo pequeño

A. Carácter piadoso

La más increíble noticia que el mundo jamás ha oído es que Dios mismo vino a la tierra. Esto no solo proveyó una magnífica salvación para nosotros, sino que Dios quiso asegurarse de que pudiésemos llegar a conocerlo tal como es. No más voces desde la montaña o terremotos o no voces pequeñas sino que Dios se hizo hombre. Haciendo esto, El demostró de primera mano lo que quiere que seamos. La manera más significativa en que podemos saber cómo vivir, actuar, pensar, y amar es ver un modelo, tener un ejemplo. Jesús fue el primer modelo para todos los que le seguirían, y no sólo debemos seguirlo, sino llegar a ser como El.

Esto significa que nuestro carácter necesita ser conformado al de Cristo. Las cualidades de carácter piadoso necesitan encontrar un hogar en nuestra vida como las bienaventuranzas (Mateo 5:2-12), el fruto del Espíritu (Gálatas 5:22-26). y las normas o principios del vivir santo (Colosenses 3:12-17). Estas cualidades no se enseñan, se alcanzan.

Un profesor de la Biblia podría explicarlas, pero cada creyente debe responder individualmente al Señor para implementarlas en su vida. Para llegar a ser como el Señor, uno debe pasar tiempo con El. Los bordes afilados de nuestro carácter deben ser cortados y pulidos, las ramas salvajes deben ser podadas. Esta interacción con el Señor es a menudo dolorosa (al comienzo), pero aquel que se somete al proceso encontrará paz y los frutos brotarán de su vida.

Hay dos razones de que el crecimiento de una persona en cuanto al carácter piadoso sea un factor muy importante que indica si llegará a ser un discipulador efectivo. Primero, los que son discipulados necesitan un ejemplo de la vida real de quién es Cristo. Deberíamos poder decir como Pablo: "Sed imitadores de mí, así como yo de Cristo" (1 Corintios 11:1). Segundo, aquellos que están creciendo en carácter piadoso son obviamente personas en vital interacción con Cristo. Han aprendido a escuchar la voz de Dios y a obedecer. Se han sometido a la disciplina de Dios y están siendo desarrolladas por ella. Esto no puede ser enseñado a una persona, exhortado, predicado, ni aun fomentado en ella, pues sólo viene del Señor. Aquel que está en esta clase de relación con el Señor es en rigor la clase de persona que debería estar

"¿Qué quieres decir con que Dios quiere sentarse aquí ahora? Este es mi asiento".

B. Corazón pastoral

Este es un buen lugar para usar la ilustración de un estudiante que ha demostrado un gran corazón para con otros estudiantes en necesidad.

C. Visión

1. *visión personal*

2. *visión de relación*

3. *visión de cuerpo*

disculpando a otros (pues su experiencia con el Señor influirá el crecimiento en aquellos discípulos).

B. Corazón pastoral

La palabra "pastor" viene de la misma raíz que el término que describe a uno que cuida ovejas. Cuidar a la gente como un pastor es por lo tanto cuidar como el que pastorea las ovejas. Cuando el apóstol Pedro describió el corazón de un pastor, subrayó la motivación para el liderazgo. Un discipulador guía, no porque él o ella sean forzados a hacerlo así, sino voluntariamente, no codiciosos sino deseosos, no enseñoreándose de ellos, sino sirviendo como ejemplo al rebaño (1 Pedro 5:1-4).

Un discipulador necesita tener un corazón que se conmueve ante las necesidades de otra persona. Alguien que verdaderamente se preocupa, alguien que sufre al ver el daño causado por el pecado y la desgracia en la vida de un amigo. La insensibilidad en un líder espiritual es horriblemente destructiva. Una actitud crítica sólo producirá heridas en la vida de un joven creyente. Un discipulador deberá mostrar la calidez de Cristo.

C. Visión

La vida sin visión es como un callejón sin salida. Las primeras palabras de Jesús a los que serían sus discípulos, fueron: "Ven y sígueme".

La visión es importante en tres aspectos:

1. _____

Una persona está más deseosa de seguir que de ser empujada. Un discipulador debe ser una persona que ve la dirección de Dios a través de la oración y de un estudio serio de las Escrituras. El ha orado para recibir orientación de cómo vivir, y Jesús ha respondido. Un discipulador sabe a dónde va, está lleno de esperanza para el futuro, y no está solo; él o ella van con otros que han orado por visión.

Hace mucho tiempo has debido pensar en tu futuro, hijo. Se proxima la Edad de Hielo, sabes.

2. _____

El discipulador necesita desarrollar visión mediante la oración para saber dónde el joven creyente puede crecer y desarrollarse en el Señor (así como también dónde el grupo pequeño puede crecer si el Espíritu es libre de operar entre ellos.)

3. _____

El discipulador necesita compartir la misma visión de ministerio que la fraternidad siente que el Señor la ha llamado a cumplir La visión es característicamente aquello que comparten los creyentes, y no sólo algo personalizado. Es un asunto corporativo.

D. Consciente del reino

Un discipulador debe ser un cristiano en todo. Para ser discipulador, debemos estar totalmente entregados al Señor. Debemos ser personas que reconozcamos que Jesucristo es la única respuesta a la perdición de las personas. Es una gran tentación en la sociedad de hoy ser cristiano humanista. No es suficiente con sólo ayudar a las personas a sentirse mejor acerca de ellas mismas, pues sólo podemos sentirnos bien acerca de nosotros mismos cuando tengamos la seguridad en nuestro interior de que nuestros pecados han sido perdonados. No es suficiente que las personas tengan amigos cristianos y que no se sientan tan solos. La soledad es sólo tratada cuando los creyentes caminan juntos en la luz.

Un cristiano no es sólo una persona muy moral. Un cristiano es una persona transformada, una nueva criatura (2 Corintios 5:17). Un cristiano ya no pertenece a este mundo—su ciudadanía está en el cielo. Un discipulador debe conocer la diferencia y vivir esta diferencia.

E. Habilidades ministeriales

Para ser efectivo, un discipulador debe saber cómo influir en otros para el reino de Dios. Un discipulador debe conocer tanto los métodos cuanto el mensaje de discipulado.

Un discipulador debe saber cómo:

- llevar una persona a Cristo
- facilitar la adoración
- dirigir una conversación
- alentar a las personas a compartir de corazón
- enseñar a otros a orar
- evaluar las necesidades de otra persona
- planificar para ministrar a estas necesidades

¡Pero también hay buenas noticias! De estos cinco elementos esenciales, los cuatro primeros (carácter, corazón, visión, conciencia del reino) se manifiestan en una persona que es fiel en conocer a Dios de corazón, y por eso son los más importantes. Las habilidades ministeriales pueden ser aprendidas. A cualquier persona consagrada a Dios se le puede enseñar a ser efectivo para el Señor. Estas destrezas nos llegan como un proceso aprendido.

III. El apóstol Pablo demuestra el discipulado eficaz

Los siguientes son nueve ingredientes extraídos de la vida del apóstol Pablo en su interacción con la iglesia tesalonicense.

A. Un discipulador eficaz es ferviente en la oración.

"Damos siempre gracias a Dios por todos vosotros; haciendo memoria de vosotros en nuestras oraciones, acordándonos sin cesar delante del Dios y Padre nuestro de la obra de vuestra fe, del trabajo de vuestro amor y de vuestra constancia en la esperanza en nuestro Señor Jesucristo. Orando de noche y de día con gran insistencia, para que veamos vuestro rostro, y completemos lo que falte a vuestra fe" (1 Tesalonicenses 1:2, 3, 3:10).

El discipulador eficaz pone toda su confianza en el poder y la presencia más allá de él o ella misma. Los discipuladores eficaces se ven a sí mismos como capaz de cambiar el curso de los sucesos humanos a través de la oración. Ellos saben que cualquier actividad humana sin la oración está condenada al fracaso. Por lo tanto, se convierten en intercesores para aquellos que están siendo discipulados, siempre ofreciéndolos al Padre que puede "suplir lo que [está faltando a su] fe".

B. Un discipulador eficaz es un proclamador del evangelio.

"Por lo cual también nosotros sin cesar damos gracias a Dios, de que cuando recibisteis la palabra de Dios que oísteis de nosotros, la recibisteis no como palabra de hombres, sino según es en verdad, la palabra de Dios, la cual actúa en vosotros los creyentes" (1 Tesalonicenses 2:13).

Los discipuladores eficaces creen completamente en el poder del evangelio para cambiar la vida de las personas. Ellos proclaman las buenas nuevas de Jesús, porque saben que transformará a alguien. Los discipuladores

eficaces no discipulan por un sentimiento de culpa. Lo principal para la tarea de discipulado es contar a otros acerca de Jesús, de su amor y sus planes para ellos.

C. Un discipulador eficaz es puro de corazón.

"Sino que según fuimos aprobados por Dios para que se nos confiase el evangelio, así hablamos; no como para agradar a los hombres, sino a Dios, que prueba nuestros corazones. Porque nunca usamos de palabras lisonjeras, como sabéis, ni encubrimos avaricia; Dios es testigo" (1 Tesalonicenses 2:4-6).

La motivación propia de un discipulador eficaz es siempre y en todo momento complacer al Señor y no meramente ser complaciente con los hombres. El corazón de un discipulador debe estar libre de interés propio y de la intención de manipular a otros. La integridad entre lo que un discipulador dice y hace es esencial.

D. Un discipulador eficaz es un ejemplo de la semejanza de Cristo.

"Pues nuestro evangelio no llegó a vosotros en palabras solamente, sino también en poder, en el Espíritu Santo y en plena certidumbre, como bien sabéis cuáles fuimos entre vosotros por amor de vosotros. Y vosotros vinisteis a ser imitadores de nosotros y del Señor, recibiendo la palabra en medio de gran tribulación, con gozo del Espíritu Santo. Vosotros sois testigos, y Dios también, de cuán santa, justa e irreprensiblemente nos comportamos con vosotros los creyentes" (1 Tesalonicenses 1:5, 6; 2:10).

La vida de los discipuladores eficaces debe estar abierta a la inspección. Deben ser personas abiertas y honestas y dejar que la sinceridad de su caminar con Cristo sea visible. Deben ser individuos que puedan decir como Pablo: "Sed imitadores de mí, así como yo de Cristo" (1 Corintios 11:1). Un discipulador es una persona que vive por encima de todo reproche.

E. Un discipulador eficaz es uno que ama y nutre a las personas.

"Antes fuimos tiernos entre vosotros, como la nodriza cuida con ternura a sus propios hijos. Tan grande es nuestro afecto por vosotros, que hubiéramos querido entregaros no sólo el evangelio de Dios, sino también nuestras propias vidas; porque habéis llegado a sernos muy queridos. Porque os acordáis, hermanos, de nuestro trabajo y fatiga; cómo trabajando de noche y de día, para no ser gravosos a ninguno de vosotros, os predicamos el evangelio de Dios. Pero nosotros, hermanos, separados de vosotros por un poco de tiempo, de vista pero no de corazón, tanto más procuramos con mucho deseo de ver vuestro rostro; por lo cual quisimos ir a vosotros, yo Pablo ciertamente una y otra vez; pero Satanás nos estorbó" (1 Tesalonicenses 2:7-9, 2:17, 18).

Debe haber una intensidad en el cuidado e interés de un discipulador en cualquier tipo de ministerio a otros. Pablo lo comparó con la ternura con la que una madre alimenta a su hijo. La compasión paciente es esencial en edificar el amor de Dios en alguien. Un discipulador debe permitir que el fruto del Espíritu se exprese a aquellos que él o ella sirven.

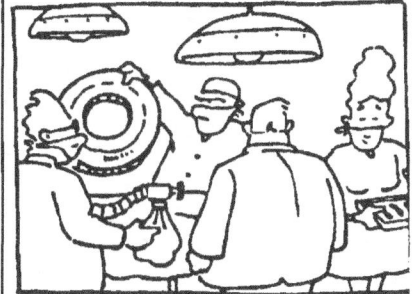

"Otro zapato viejo, la envoltura de un caramelo, una goma de caucho...oye, ¿nadie se molestó en tomar una radiografía del corazón de este hombre?

"¡Oye Darrell! ¿No crees que has llevado demasiado lejos esta idea de que nuestras vidas estén abiertas a la inspección?

F. Un discipulador eficaz es un amonestador.

"Así como también sabéis de qué modo, como el padre a sus hijos,
exhortábamos y consolábamos a cada uno de vosotros, y os
encargábamos que anduvieseis como es digno de Dios, que os llamó
a su reino y gloria" (1 Tesalonicenses 2:11, 12).

El amor siempre debe tener la fuerza para encarar a un hermano o hermana
con amor. La amonestación es el equilibrio necesario para la cualidad anterior de ser uno que ama y nutre. La amonestación es nuestro reflejo del amor
de Dios, expresado en Hebreos 12:5-12, donde cada hijo es amado y
disciplinado. Si los discipuladores no amonestan, están condenados a
reproducir discípulos que son egocéntricos e incapaces de soportar las
penalidades de la vida.

G. Un discipulador eficaz es un maestro y alentador.

"Orando de noche y de día con gran insistencia, para que veamos
vuestro rostro, y completemos lo que falte a vuestra fe. Mas el mismo
Dios y Padre nuestro, y nuestro Señor Jesucristo, dirija nuestro
camino a vosotros. Y el Señor os haga crecer y abundar en amor
unos para con otros y para con todos, como también lo hacemos
nosotros para con vosotros, para que sean afirmados vuestros
corazones, irreprensibles en santidad delante de Dios nuestro Padre, en la venida de nuestro Señor Jesucristo con todos sus santos"
(1 Tesalonicenses 3:10-13).

Esto exige una disciplina constante en el estudio de las Escrituras. Para
que los discipuladores alienten el crecimiento en otra persona, ellos mismos
deben estar continuamente creciendo. Los discipuladores deben trabajar para
llegar a ser efectivos al comunicar su conocimiento a otros. La fe simple es
esencial, pero la fe tonta por parte de un discipulador es una afrenta a la
persona de Dios y su pueblo. La verdad compartida en amor edifica.

H. Un discipulador eficaz es perseverante.

"Pues habiendo antes padecido y sido ultrajados en Filipos, como
sabéis, tuvimos denuedo en nuestro Dios para anunciaros el evangelio
de Dios en medio de gran oposición" (1 Tesalonicenses 2:2).

Un discipulador eficaz debe estar dispuesto a ir contra la corriente de su
cultura, dispuesto a ser una persona profética. Discipular es emocionalmente
abrumador y consume mucho tiempo, por lo tanto demanda la habilidad de
perseverar. Esta cualidad es el resultado directo de la oración y la planificación
bíblica realista. Para poder ayudar a construir comunidades duraderas para
Cristo, se requiere excelencia en la mano de obra. Esto significa que un
discipulador debe profundizar y ceñirse a una tarea con perseverancia.

I. Un discipulador eficaz está abierto a recibir ministerio personal.

"Y enviamos a Timoteo nuestro hermano, servidor de Dios y
colaborador nuestro en el evangelio de Cristo, para confirmaros y
exhortaros respecto a vuestra fe... Pero cuando Timoteo volvió de
vosotros a nosotros, y nos dio buenas noticias de vuestra fe y amor,
y que siempre nos recordáis con cariño, deseando vernos, como
también nosotros a vosotros, por ello, hermanos, en medio de toda
nuestra necesidad y aflicción fuimos consolados de vosotros por
medio de vuestra fe; porque ahora vivimos, si vosotros estáis firmes

en el Señor. Por lo cual, ¿qué acción de gracias podremos dar a Dios por vosotros, por todo el gozo con que nos gozamos a causa de vosotros delante de nuestro Dios... Hermanos, orad por nosotros" (1 Tesalonicenses 3:2, 6-9; 5:25).

El discipulado eficaz no es una calle de una sola dirección. Los líderes no producirán otros líderes sanos si ellos no permiten que otros les ministren. Si tu usted desea discípulos humildes, honestos, que se confiesan, entonces debe ser uno. Cuídese del aislamiento, pues este alimenta la hostilidad, la altivez, y la herejía.

IV. Conclusión

Bueno, después de observar estas dos medidas, ¿cómo resultó su autoevaluación? Si usted es como la mayoría de las otras personas en este planeta, encontrará varias áreas en donde es necesario el crecimiento. No se sienta derrotado sólo porque se dio cuenta de que Dios no ha terminado aún su obra en usted. Busque un líder de grupo pequeño, y comparta con él su auto-evaluación, y luego comprométase a tratar de obtener el crecimiento específico necesario en Jesús.

Recuerde, la voluntad de Dios es que discipulemos a las naciones. Es su idea. Y como es su idea, El es quien nos equipa para cumplir su voluntad. El se deleita en hacerlo. "Porque somos hechura suya, creados en Cristo Jesús para buenas obras, las cuales Dios preparó de antemano para que anduviésemos en ellas" (Efesios 2:10). "Estando persuadido de esto, que el que comenzó en vosotros la buena obra, la perfeccionará hasta el día de Jesucristo" (Filipenses 1:6).

Aquí se entrenan discípulos

Horacio se preguntaba si su ineficacia se debía a su pobre capacidad de comunicación, o simplemente a que era un hermitaño.

APENDICES

LA MISION DEL MINISTERIO DE CAMPUS CHI ALPHA

Chi Alpha existe para alcanzar el estratégico campo misionero de la universidad. Como un brazo misionero de las Asambleas de Dios, estamos comprometidos al cumplimiento de la Gran Comisión de Cristo en el campus. Somos una organización nacional de estudiantes de educación superior, con fraternidades hermanas en muchos países, que se unen para expresar las demandas de Jesucristo a las comunidades del campus y llamar a los estudiantes a tener una relación con El. Los estudiantes de Chi Alpha encuentran su llamado en las palabras del apóstol Pablo: "Así que, somos embajadores en nombre de Cristo, como si Dios rogase por medio de nosotros; os rogamos en nombre de Cristo: Reconciliaos con Dios" (2 Corintios 5:20).

La visión de Chi Alpha: Reconcilar a los estudiantes con Cristo —transformando la universidad, la plaza, y el mundo.

CINCO PUNTOS DE LA FILOSOFIA DE MISIONES DE CHI ALPHA

Como ministros de la reconciliación, somos una comunidad del pueblo universitario de Dios: una comunidad de adoración, de oración, de fraternidad, de discipulado, y de testimonio. En todos estos debido a la elevada prioridad que damos al juntarnos como un grupo a quien bíblicamente se le manda realizar esta actividad, incluimos el concepto de "comunidad" para subrayar nuestra posición de que podemos ser más visibles y efectivos como grupo que como individuos aislados. Cuando los estudiantes se gradúan, Chi Alpha reconoce que la misión continúa más allá del campus.

Una comunidad de adoración

Como una "comunidad de adoración", Chi Alpha debe establecer el ministerio a Dios como el principal llamado de los cristianos. Reconocemos que fuimos creados por Dios y somos ahora reconciliados con El para glorificarlo. Como la reunida familia de Cristo, somos la habitación de Dios para los propósitos de ministrar a El como sus sacerdotes y para la proclamación de su grandeza al mundo. Creemos que la presencia de Dios se hace real en medio nuestro cuando los cristianos son llenos espiritualmente de poder en la adoración (Salmo 22:3; Isaías 43:7; Efesios 1:10-22; 1 Pedro 2:4-10; Hechos 1:8).

Nosotros dirigimos la adoración a su persona y le damos gracias por sus obras de amor para con nosotros. Debemos aprender como María a sentarnos a sus pies y responderle. Dejamos que los dones espirituales citados en 1 Corintios 12 fluyan a través de nosotros para el Señor. Finalmente, aprendemos a adorarlo en nuestras acciones (Salmo 100, 150; Lucas 10:38-42; Juan 10:4, 5; 1 Corintios 10:31; Hebreos 13:15, 16).

Como "una comunidad de adoración" esperamos que otros ministerios crezcan mejor cuando son nutridos en una atmósfera de ministerio al Señor.

Una comunidad de oración

Como una "comunidad de oración", Chi Alpha debe establecer comunión o acercamiento con Dios como el mayor privilegio de los cristianos.

Reconocemos la importancia de la confesión, afirmando el señorío de Cristo, a Dios como Padre, y la convicción del Espíritu Santo (Filipenses 2:9-11; Juan 16:8). Reconocemos ante Dios los pecados que nos hacen ineficaces en nuestro caminar espiritual y oramos unos por otros para el perdón y la restauración (Hebreos 12:1; Santiago 5:13-16; Salmo 139:23, 24).

En súplicas reconocemos a Dios como nuestra fuente y proveedor (Filipenses 4:6, 7, 19). Nosotros llevamos nuestros pedidos a Dios, esperando que El supla completamente nuestras necesidades. Recurrimos a Dios por dirección diaria, abiertos a su revelación.

Como el apóstol Pablo lo ilustra, en la lucha espiritual reconocemos que somos seres espirituales en una batalla que requiere de armas espirituales (Efesios 6:10-18).

"Por lo demás, hermanos míos, fortaleceos en el Señor, y en el poder de su fuerza. Vestíos de toda la armadura de Dios, para que podáis estar firmes contra las asechanzas del diablo. Porque no tenemos lucha contra sangre y carne, sino contra principados, contra potestades, contra los gobernadores de las tinieblas de este siglo, contra huestes espirituales de maldad en las regiones celestes. Por tanto, tomad toda la armadura de Dios, para que podáis resistir en el día malo, y habiendo acabado todo, estar firmes. Estad, pues, firmes, ceñidos vuestros lomos con la verdad, y vestidos con la coraza de justicia, y calzados los pies con el apresto del evangelio de la paz. Sobre todo, tomad el escudo de la fe, con que podáis apagar todos los dardos de fuego del maligno. Y tomad el yelmo de la salvación, y la espada del Espíritu, que es la palabra de Dios; orando en todo tiempo con toda oración y súplica en el Espíritu, y velando en ello con toda perseverancia y súplica por todos los santos" (Efesios 6:10-18).

La oración es una prioridad para derribar las fortalezas espirituales en nuestros campus y en nuestra sociedad.

A través de la oración intercesora profesamos que Dios es un sanador poderoso y obrador de milagros. Oramos en fe para que los enfermos sean restaurados. Nos paramos en la brecha orando para que su voluntad sea cumplida en la tierra (1 Timoteo 2:1; Ezequiel 22:30, 31).

Una comunidad de fraternidad

Como una "comunidad de fraternidad", estamos en conjunta sumisión al mandamiento de Jesús: "Como yo os he amado, que también os améis unos a otros" (Juan 13:34).

La permanente motivación para buscar la fraternidad es el mandamiento de Jesús de amarnos unos a otros. El permanente modelo de fraternidad es el ejemplo de la relación de Jesús con sus discípulos.

"En esto hemos conocido el amor, en que él puso su vida por nosotros; también nosotros debemos poner nuestras vidas por los hermanos" (1 Juan 3:16). Por esto también sabemos que el creyente no puede vivir en aislamiento, sino como un miembro del cuerpo de los elegidos, unidos por la fuente de vida común del Espíritu Santo. Como los miembros del cuerpo son sacerdotes y siervos, ellos siguen el ejemplo de Cristo de autosacrificio por los demás. Esto incluye proveerse unos a otros para sus necesidades y responder con oración intercesora y actos de amor— "Gozaos con los que se gozan; llorad con los que lloran" (Romanos 12:15).

Este fluir de amor es permitido y sostenido por el Espíritu Santo y sus dones (1 Corintios 12; Romanos 12; Efesios 4). Produce una armonía entre los miembros que refleja las relaciones entre la Trinidad, testifica de la deidad de Jesús, y valida la proclamación de la comunidad de ser discípulos de Jesús.

Una comunidad de discipulado

Como una "comunidad de discipulado", estamos comprometidos a buscar el cumplimiento de la Gran Comisión dada por el Señor Jesucristo, de "discipular" a las naciones (Mateo 28:20). Por tanto, nuestro discipulado tendrá un fuerte enfoque en la evangelización global, comenzando desde nuestra propia "Jerusalén" (el campus) y yendo hasta los fines de la tierra (Hechos 1:8).

Nuestro discipulado encuentra su dirección en la autoridad de la revelación de Dios, las Sagradas Escrituras. Somos un pueblo del Libro. "Toda la Escritura es inspirada por Dios, y útil para enseñar, para redargüir, para corregir, para instruir en justicia, a fin de que el hombre de Dios sea perfecto, enteramente preparado para toda buena obra" (2 Timoteo 3:16, 17). Es nuestra autoridad para fe y conducta, el tema de nuestro constante estudio.

Es nuestra convicción que el discipulado se lleva a cabo mejor en el contexto de relación del creyente maduro que ayuda a nutrir a miembros más jóvenes de la comunidad en pequeños grupos, así como Jesús discipuló a los Doce, y como discípulos ellos fueron de casa en casa. Mediante este proceso se da a cada miembro el conocimiento básico y las habilidades necesarias para crecer en madurez en Cristo y se equipa para la obra del ministerio (Efesios 4:11-16).

Deseamos seguir las instrucciones de Pablo a Timoteo: "Lo que has oído de mí ante muchos testigos, esto encarga a hombres fieles que sean idóneos para enseñar también a otros" (2 Timoteo 2:2). De esta manera perpetuamos un desarrollo continuo de líderes maduros para la obra de Cristo en la comunidad universitaria y aun más allá.

Una comunidad de testimonio

Como una "comunidad de testimonio", somos espiritualmente llenos de poder para mostrar a la comunidad del campus lo que significa ser pueblo de Dios, proclamando el evangelio, y llamando a otros a la relación con Dios. Afirmamos el bautismo del Espíritu Santo, que da poder a los creyentes para vivir una vida caracterizada por la fe dinámica y la fe en lo sobrenatural que les permite testificar audazmente sobre la verdad y el poder transformador de la cruz. Tomamos seriamente el hecho de que la Gran Comisión es un punto central en los asuntos de Dios en la historia y es una tarea que El desea que nosotros cumplamos (Mateo 24:14).

Nosotros debemos a todos una clara presentación de las buenas nuevas, que "de tal manera amó Dios al mundo, que ha dado a su Hijo unigénito, para que todo aquel que en él cree, no se pierda, mas tenga vida eterna" (Juan 3:16). Tratamos de comunicar el evangelio a un auditorio culturalmente vario, siguiendo el ejemplo de Pablo de ser todo para todos los hombres y mantener así la integridad del evangelio (1 Corintios 9:22).

Nuestra declaración del evangelio se combina con el estilo de vida como el de Cristo que demostramos. Esto se ve en nuestro intenso amor y cuidado del uno por el otro y nuestras obras de amor y justicia en el mundo. Somos una epístola leída por todos los hombres (Juan 13:35; 2 Corintios 3:2; 1 Tesalonicenses 2:8).

Nuestro testimonio se extiende más allá del campus para alcanzar a un mundo perdido. Debemos también ir a las naciones para mostrar y predicar el evangelio. Para nosotros, movilizar, equipar, y enviar siempre serán componentes vitales del evangelismo. Cada estudiante es adjudicado con un llamado especial de Dios. Algunos son llamados a las misiones, otros a impactar la plaza pública a través de sus carreras. Nuestra prioridad es la preparación de estudiantes para entrar e impactar el foro y la sociedad para Cristo y ayudar a su participación en la vida de la iglesia local.

El punto principal

Profundamente conscientes de la urgencia de este momento en la historia, nos comprometemos sin reservas a la obra de reconciliar a hombres y mujeres con Dios mediante el poder del Espíritu Santo. Consideramos que la Gran Comisión de Jesucristo es nuestra responsabilidad personal y principal delante de Dios y nos dedicamos a alcanzar y discipular a los estudiantes para impactar a las naciones de la tierra antes del regreso de Cristo.

DESCRIPCION DE UN TRABAJO
DE UN LIDER DE GRUPO PEQUEÑO

Propósito

A. Como comunidad de discipulado, estamos comprometidos con el propósito de cumplir la Gran Comisión dada por Jesucristo, de discipular a todas las naciones (Mateo 28:20).

B. Es nuestra convicción que el discipulado se lleva a cabo mejor en el contexto de relaciones en que el creyente maduro ayuda a nutrir al miembro joven de la comunidad en la situación de grupo pequeño, de la manera en que Jesús discipuló a los Doce y como estos discípulos fueron de casa en casa.

C. Deseamos seguir las instrucciones de Pablo a Timoteo: "Lo que has oído de mí ante muchos testigos, esto encarga a hombres fieles que sean idóneos para enseñar también a otros" (2 Timoteo 2:2). De esta forma perpetuamos un continuo desarrollo de líderes maduros para la obra de Cristo en la comunidad universitaria.

D. Por tanto, un líder de grupo pequeño (LGP) es el líder principal que cumple la Gran Comisión en la universidad. Un líder de grupo pequeño es un estudiante entrenado y escogido para discipular a otros en el contexto de un pequeño grupo de estudiantes dentro del ministerio Chi Alpha.

Responsabilidades

A. Un líder de grupo pequeño debe continuamente estar persiguiendo con ahínco el contacto con nuevos estudiantes teniendo como propósito la formación de un grupo pequeño de discipulado.

B. Un líder de grupo pequeño debe formar un sentido de comunidad entre los miembros de su grupo pequeño, y ver que cada miembro esté unido también al ministerio Chi Alpha que está en la universidad.

C. Un líder de grupo pequeño debe discipular uno a uno a los miembros comprometidos de su grupo pequeño en los siguientes aspectos:

    1. *Desarrollo espiritual:* Alimentar una cercana relación con Dios; fomentar una moral, elecciones, y estilo de vida devotos; proteger al discípulo de influencias que podrían destruir la fe en Dios.

    2. *Corazón compasivo:* Ministrar al discípulo en sus necesidades y capacitarlo para hacer lo mismo.

    3. *Visión:* Fomentar la fe para creer que Dios obra dinámicamente en la vida del discípulo y hacer que el discípulo desarrolle un claro sentido del llamado de Dios sobre su vida para llegar a ser un discipulador.

    4. *Fervor:* Fomentar un compromiso total con Dios en cada asunto de su vida.

    5. *Habilidades ministeriales:* Capacitar al discípulo en áreas de disciplinas espirituales.

    6. *Verdad:* Dirigir al discípulo en la construcción de un sólido fundamento doctrinal.

D. Un líder de grupo pequeño debe hacer que la Biblia sea el texto de estudio para todo discipulado.

E. Un líder de grupo pequeño debe estar enfocado en el desarrollo de liderazgo en la vida de los miembros del grupo pequeño.

F. Un líder de grupo pequeño debe fomentar el conocimiento y la participación en las misiones entre los miembros del grupo.

G. Un líder de grupo pequeño debe proporcionar disciplina misericordiosa, reprensión y corrección cuando sea necesario, conservando todo lo tratado en estricta confidencia.

H. Un líder de grupo pequeño debe fomentar la adoración, la participación personal, y la oración en la reunión del grupo, más allá del contenido del estudio.

Requisitos

A. La siguiente es una lista de obras y cualidades de carácter que debería reflejar el líder de grupo pequeño. Debe ser compasivo con quienes están en necesidad. Debe guiar voluntariamente y con anhelo, no ejerciendo señorío sobre los otros, sino siendo ejemplo a los miembros del grupo. Debe ser una persona de oración y humildad, por encima de todo reproche entre aquellos que pertenecen al grupo de Chi Alpha, y de buena reputación con los del mundo.

También debería ser sensible, capaz de alentar con sana doctrina, no adicto a ninguna clase de sustancia controlada, y ser gentil. Finalmente, en ningún caso podría ser un recién converso.

B. Un líder de grupo pequeño debe ser responsable ante los compañeros líderes y el equipo de los grupos pequeños.

C. Un líder de grupo pequeño debe haber sido miembro de un grupo pequeño por lo menos durante un año.

D. Un líder de grupo pequeño debe haber tomado la clase de discipulado ofrecida por el ministerio "Chi Alpha".

E. Un líder de grupo pequeño debe estar dispuesto a comprometerse a servir por un año corrido concurrente con el año escolar, con la posibilidad de ser reelegido.

F. Un líder de grupo pequeño debe tener una entrevista cada primavera para servir como líder de grupo pequeño en el siguiente año escolar.

Compromisos

A. Asistir a la principal reunión semanal de "Chi Alpha".

B. Dirigir semanalmente su reunión de grupo pequeño.

C. Preparar adecuadamente sus reuniones de grupo pequeño.

D. Participar regularmente en las reuniones de líderes de grupos pequeños.

E. Participar activamente en la vida del ministerio "Chi Alpha" (retiros, jornadas de oración, actividades sociales...)

F. Asistir a una iglesia local.

G. Tener reunión uno a uno con cada miembro del grupo una vez cada dos semanas.

ENTREVISTA A UN LIDER
DE GRUPO PEQUEÑO

Nombre:_____

Fecha:_____

A. Información básica:

1. ¿Cuánto tiempo ha estado en "Chi Alpha"?

2. ¿Cuánto tiempo más estará en la universidad?

3. ¿Ha leído y comprendido la *Descripción de trabajo del líder de grupo pequeño?*¿Está dispuesto a seguir las pautas?

B. Compromiso con Cristo:

1. ¿Por cúanto tiempo ha sido cristiano?

2. Por favor, describa su vida devocional. ¿Cuán a menudo ora? ¿Cómo lo hace?

C. Compromiso con relaciones bíblicas de amistad:

1. ¿Hay alguna persona ante la cual es responsable por la forma en que usted dirige su vida como cristiano? ¿Quién o quiénes son?

2. ¿Está dando a estas relaciones una alta prioridad para reunirse regularmente?

3. ¿Es usted capaz de permitir que otros lo conozcan, que conozcan sus áreas fuertes y sus partes vulnerables, y de recibir su ayuda?

D. Compromiso con el mundo:

1. ¿Cuál es su visión del evangelismo? ¿Cómo se expresa el evangelismo personal en su vida?

E. Compromiso con el liderazgo:

   1. ¿Qué cualidades puede usted señalar que podrían capacitarlo para servir con eficiencia como líder de grupo pequeño?

   2. ¿Qué responsabilidades asumiría usted en esta capacidad? ¿Cómo las compensaría?

   3. ¿Qué prioridad recibiría de su parte el liderazgo en grupo pequeño?

   4. ¿Qué motivaciones tiene usted para ser un líder de grupo pequeño?

F. Compromiso con el pueblo de Dios:

   1. Describa la visión que tiene respecto a "Chi Alpha" en esta universidad.

G. Compromiso con el carácter piadoso:

   1. ¿Qué evidencia puede señalar que demuestra que usted es una persona fiel?

   2. ¿Es usted una persona con dominio propio? ... ¿en el manejo de sus finanzas personales? ... ¿en el manejo de su tiempo? ¿paciente en el cumplimiento de las tareas?

   3. ¿Hay alguien que usted sabe que objetaría que sirviera en capacidad de líder de un grupo pequeño?¿Es usted intachable ante los demás?

H. Compromiso con una vida llena del Espíritu:

   1. ¿Qué cree usted que la Biblia enseña acerca del ministerio del Espíritu Santo en la vida del individuo?

   2. ¿Qué evidencia del Espíritu Santo ve usted en su propia vida?

DESCRIPCION DEL TRABAJO
DEL LIDER DE RECURSOS

"Tú, pues, hijo mío, esfuérzate en la gracia que es en Cristo Jesús. Lo que has oído de mí ante muchos testigos, esto encarga a hombres fieles que sean idóneos para enseñar también a otros" (2 Timoteo 2:1, 2).

I. Título

   A. Los líderes de recursos son aquellos que han sido confirmados por "Chi Alpha" para servir al cuerpo en las siguientes áreas:
      1. Supervisión de grupos pequeños específicos y sus líderes de grupo pequeño, para mantener y fomentar los cuatro puntos del propósito de los grupos pequeños de "Chi Alpha", a través del cuidado espiritual, relaciones de amistad, desarrollo de liderazgo, y misión.
      2. Discipulado activo de los líderes de grupo pequeño.
      3. Proporcionar entrenamiento especializado en discipulado a los líderes de grupo pequeño.

II. Responsabilidades

   A. El enfoque principal de los líderes de recursos será la continua evaluación espiritual en oración de los grupos pequeños dentro de "Chi Alpha" y responder al Espíritu Santo por su dirección y guía.
   B. Sus responsabilidades incluirán el desarrollo y evaluación de las metas de compañerismo a largo y corto plazo.
   C. Deben servir como una referencia del grupo para las necesidades pastorales que conciernen a los líderes del grupo pequeño y a aquellos dentro de los grupos pequeños.
   D. Deben servir para proteger de influencias externas los grupos pequeños dentro de la fraternidad—tanto doctrinal como de relación, de la manera que un pastor protege al rebaño de los ataques de los lobos (Hechos 20:20).
   E. Deben servir para proteger de influencias internas los grupos pequeños de la fraternidad—tanto doctrinal como de relación, que arrastrarían a los creyentes lejos de la verdadera fe en Jesucristo (Hechos 20:30).
   F. Deben servir para proporcionar disciplina compasiva, reprensión, y corrección cuando fuere necesario, y mantener todo lo tratado en estricta confidencia.
   G. Junto con el personal, ellos deberán ser responsables por el nombramiento de los líderes de grupo pequeño.
   H. Tendrán la tarea de cuidar y evaluar el desarrollo del liderazgo de grupo pequeño.
   I. Servirán para promover el evangelismo en el campus a través de los grupos pequeños.

III. Requisitos

   A. Requisitos generales
      1. La siguiente es una lista de obras y cualidades de carácter que debería reflejar el líder de recursos: Ellos han de ser compasivos con quienes están en necesidad. Deben guiar voluntariamente y con anhelo, sin ejercer señorío sobre otros, sino como ejemplo a la fraternidad. Deben ser personas de oración y humildad, estar por encima de todo reproche de aquellos que están dentro de la fraternidad, y tener buena reputación con los del mundo. Deberían ser sensibles, capaz de alentar con sana doctrina, no adictos a ningún tipo de sustancia controlada, y ser gentiles. Y finalmente, no pueden ser recién conversos.
      2. El líder de recursos deberá ser responsable ante el equipo.
      3. El líder que funciona en semejante clave papel de discipulado, debe haber demostrado que es capaz de mantener confidencialidad y que es personalmente íntegro en todo tiempo.
   B. Requisitos específicos
      1. Activamente ocupado en el trabajo de "Chi Alpha" por 4 semestres.
      2. Dirigir eficazmente un grupo pequeño por 2 semestres.

3. Asistir regularmente a la principal reunión semanal.
4. Dispuesto a servir por 1 año de compromiso, con la posibilidad de ser reconfirmado por otro período.
5. Si el líder de recursos no es un estudiante activo, él o ella debe mostrar un significativo y continuo compromiso con la universidad.

IV. Compromisos

A. Participar en la principal reunión semanal.
B. Participar activamente en la vida de la fraternidad (ej. retiros, actividades sociales...)
C. Asistir regularmente a una iglesia local.
D. Asistir a la reunión del grupo de recursos, compuesto por todos los líderes de recursos y equipo que se reúnen semanalmente como un grupo pequeño de líderes de recursos.
E. Asistir y ayudar en la coordinación y el liderazgo de los líderes de grupo pequeño.
F. Asistir al retiro de planificación al final del año.
G. Conducir dos veces por semana reuniones uno a uno con designados líderes de grupo pequeño e internos de los grupos pequeños.
H. Ayudar en la coordinación e implementación del seguimiento.
I. Compromisos sugeridos:
1. Volver a tomar la clase de discipulado durante su año como líder de recursos (o una clase alternativa de desarrollo de liderazgo si hay una disponible).
2. La cantidad de clases que se tomarán durante su año como líder de recursos es de 13 a 14 horas.
3. El tiempo de compromiso estimado: 10 horas por semana.

V. Fundamentos bíblicos

Los siguientes pasajes bíblicos son considerados fundamentos del patrón de ministerio que reflejen los líderes de recursos: Mateo 20:26b-28; Hechos 20:28-35; Efesios 4:11-16; 1 Pedro 5:1-3.

Estos pasajes destacan el papel del cuidado pastoral en la iglesia. No consideramos al líder de recursos como anciano o que se le llame anciano. Sin embargo, es nuestro deseo que ellos modelen su corazón y vida siguiendo el ejemplo dado por los ancianos bíblicos. Ninguna acusación deberá ser recibida contra un líder de recursos sin por lo menos dos o tres testigos (1 Timoteo 5:19, 20) y entonces tales problemas deben ser tratados por el equipo.

PACTO DEL GRUPO PEQUEÑO

Ingredientes clave para un saludable grupo pequeño

Compromiso de *afirmación:*

Nada de lo que has hecho o que harás me impedirá amarte. Puede que yo no concuerde con tus opiniones, pero te amaré porque eres una persona creada y amada por Dios, y haré todo lo que esté a mi alcance para sostenerte en el amor afirmativo de Dios.

Compromiso de *disponibilidad:*

Lo que tengo está a tu disposición, hasta el límite de mis recursos—si lo necesitas. Te doy esto en un compromiso de prioridad por encima de las demás demandas sin compromiso. Como parte de esta disponibilidad, entrego mi tiempo en forma regular, sea en oración o en un tiempo establecido de reunión.

Compromiso de *oración:*

Me comprometo a orar por ti de manera regular, creyendo que nuestro cariñoso Padre desea que sus hijos oren unos por otros, y pidan a El las bendiciones que necesitan.

Compromiso de *apertura:*

Prometo esforzarme para ser una persona más abierta, y tan bien como pueda descubrir ante ti mis sentimientos, mis luchas, mis alegrías, y mis heridas. Confiaré a ti mis problemas y mis sueños. Esto es para afirmar lo que vales para mí como persona. En otras palabras, yo te necesito.

Compromiso de *honestidad:*

Trataré de demostrarte que estoy escuchando lo que dices y sientes. Y si esto significa arriesgar dolor para uno de nosotros, yo confiaré lo suficiente en nuestra amistad como para tomar ese riesgo, siendo consciente de lo que dice la Biblia: "sino que siguiendo la verdad en amor, crezcamos en todo en aquel que es la cabeza, esto es, Cristo" (Efesios 4:15). Trataré de expresar esta honestidad de manera sensible y atemperante.

Compromiso de *sensibilidad:*

Aun cuando deseo que me conozcas y comprendas, me comprometo a ser sensible a ti y a tus necesidades lo mejor que pueda. Trataré de oirte, mirarte, sentir tu posición y ayudarte cuando lo necesites.

Compromiso de *confidencialidad:*

Prometo mantener cualquier cosa compartida dentro de los límites del grupo pequeño, a fin de proporcionar la atmósfera necesaria que permita esa apertura.

Compromiso de *responsabilidad:*

Si descubriere áreas de mi vida que estén bajo esclavitud o truncadas por mis propias faltas o por heridas producidas por otros, buscaré el poder liberador de Cristo a través de su Espíritu Santo, y a través de mis compañeros comprometidos. Soy responsable ante ti de lo que Dios me ha destinado a ser en su amorosa creación.

Nosotros, los abajo firmantes, sabemos que no reunimos todas las condiciones de la relación anterior, pero nos prometemos el uno al otro a hacer lo mejor que podamos para cumplir esas cosas a cada uno a través de los grupos pequeños.

Firmas:

Para la semana de:_____

	lunes	martes	miércoles	jueves	viernes	sábado	domingo
7							
8							
9							
10							
11							
12							
1							
2							
3							
4							
5							
6							
7							
8							
9							
10							

Prioridad A	Prioridad B	Prioridad C	Para el futuro

Análisis del tiempo para la semana de:_____

	lunes	martes	miércoles	jueves
7:00				
:15				
:30				
:45				
8:00				
:15				
:30				
:45				
9:00				
:15				
:30				
:45				
10:00				
:15				
:30				
:45				
11:00				
:15				
:30				
:45				
12:00				
:15				
:30				
:45				
1:00				
:15				
:30				
:45				
2:00				
:15				
:30				
:45				
3:00				
:15				
:30				
:45				
4:00				
:15				
:30				
:45				
5:00				
:30				
6:00				
:30				
7:00				
:30				
8:00				
:30				
9:00				
:30				
10:00				

Análisis del tiempo para la semana de:_____

	viernes	sábado	domingo	Categoría/Total de horas
7:00				• _____
:15				• _____
:30				• _____
:45				• _____
8:00				• _____
:15				• _____
:30				• _____
:45				• _____
9:00				• _____
:15				• _____
:30				• _____
:45				• _____
10:00				• _____
:15				• _____
:30				• _____
:45				• _____
11:00				• _____
:15				• _____
:30				• _____
:45				• _____
12:00				• _____
:15				• _____
:30				• _____
:45				
1:00				
:15				
:30				
:45				
2:00				
:15				
:30				
:45				
3:00				
:15				
:30				
:45				
4:00				
:15				
:30				
:45				
5:00				
:30				
6:00				
:30				
7:00				
:30				
8:00				
:30				
9:00				
:30				
10:00				

PREPARACION PARA ENSEÑAR LA PALABRA
Pautas para líderes de grupo pequeño

PASO UNO - Decida una dirección

Primero usted debe determinar lo que él o ella enseñarán al grupo. ¿Cómo? He aquí algunas sugerencias:

1. Procure comprender lo que el grupo está necesitando. Pregúnteles. Medite en eso.
2. Observe dentro de usted mismo y vea dónde está creciendo. Tal vez es lo que debe compartir.
3. ¿Cuáles son los intereses de su grupo? Esto puede proporcionarle una clave, que puede ser diferente del número 1.
4. Es bueno que al comienzo usted considere cuidadosamente qué es fácil de enseñar. Comience por ahí (Ej. historia, Evangelios, epístolas, poesía, profecía).
5. Ore hasta que algo comience a cristalizarse en su corazón.
6. Comparta sus impresiones y convicciones con los líderes de recursos y con otros en el liderazgo de los grupos pequeños.

Nota: El paso Uno es vital. Si usted no sabe adónde se está dirigiendo, ¡prepárese para el caos!

PASO DOS - Desarrolle el estudio

Aunque hay muchos tipos de estudios posibles, usted probablemente estará tratando con una de las siguientes dos áreas:

1. Un estudio expositivo: Este comienza con las Escrituras (un pasaje específico) y se extiende a una aplicación a la vida (variedad de aplicaciones).
2. Un estudio por temas: Esta comienza con una situación específica de la vida o un problema y se combinan versículos de toda la Biblia para contestar o presentar su verdad.

Desarrollo de un estudio expositivo

1. Procure una buena copia del texto que será estudiado.
   - Recomendamos la versión Reina-Valera (Revisión de 1960), la versión popular "Dios habla hoy", y la Nueva Versión Internacional.
2. Ponga el texto en una forma que pueda ser utilizado con facilidad.
   - Se recomienda que lo fotocopie y lo pegue en una hoja de papel.
3. Sumérjase en el texto.
   - Léalo repetidamente hasta que esté familiarizado con él.
   - Use un lápiz y tome nota de las preguntas que tenga, las palabras que parezcan importantes, frases que se repiten...
   - Pase tiempo orando para que el Espíritu Santo abra sus ojos a la verdad.
   - Asegúrese de leer el capítulo completo, o el libro, para comprender el contexto.
   - También puede verificar las referencias al margen.
4. Identifique el fluir de la verdad en el pasaje.
   - Trate de dar a cada párrafo de texto un título propio.
   - Si está estudiando un libro, agrupe los párrafos y déle un título—este será el título para una sección.
   - En este proceso, usted se encontrará reagrupándolos y cambiando sus títulos... Esto es exactamente lo que se necesita, ¡interacción con el texto!
5. Ahora, y sólo ahora, puede ir a algún manual de consulta, con el objeto de responder a preguntas que aún tiene acerca de los significados del texto para ese día.
   - Consulte "Ayudas Históricas" y comentarios críticos para el pasaje de que se trate.
   - Puede, también, consultar más comentarios devocionales para un mayor sentido de calidez y ver cómo otros han enseñado este pasaje también.

- Agregue a su texto lo que ha descubierto en este paso, puede ser con un lápiz de diferente color para mantener la fuente clara.

6. Junte los pasos 4 y 5 para obtener una interpretación básica de lo que el texto está diciendo.

   Nota: Esta es la verdad del pasaje para el día en que fue escrito.

7. Ahora pase un tiempo en oración y meditación acerca de lo que Dios quiere decir al grupo y a usted a través de este pasaje.
   - Escriba sus propios pensamientos. Al principio pueden ser escritos al azar. Escriba todo lo que le viene a la mente.

8. Seleccione los pensamientos que ha tenido en un bosquejo de verdad específico y coherente para el grupo. La verdad debe fluir desde la introducción, pasando por el cuerpo del pensamiento hasta la conclusión y la aplicación. Tenga esto en mente. ¿Cuál es la verdad principal que está procurando transmitir? ¡Construya todo alrededor de esto!

9. Es tiempo ahora, de que considere métodos adicionales para presentar lo que tiene.
   - Información impresa disponible
   - Una prueba, ¿para empezar el tema?
   - Pregunta qué hacer mientras enseña
   - Usar visuales
   - Ilustraciones para hacer vívida la verdad
   - Actividades en grupo para aplicar lo que se ha enseñado

10. Ore otra vez y escriba sus notas finales en forma nítida, legible, para que fácilmente pueda referirse a ellas.

11. Comparta con el grupo lo que Dios le ha dado.

12. Evalúe lo que Dios hizo cuando usted compartió:
    - ¿Fue transmitido claramente el mensaje?
    - ¿Ocurrieron efectos espontáneos?
    - ¿Fueron las metas determinadas por los cambios de vida que parecían venir del mensaje?
    - ¿Qué hizo el estudio para usted?

Desarrollando un estudio por temas

1. ¿Cuál es la pregunta, el tema, etcétera, que ha de considerarse?
   - Asegúrese de que esté expresado claramente.

2. Procure estar al tanto de la posición del grupo y de la cultura en cuanto al asunto. Esto puede obtenerse mediante conversaciones, por la lectura de revistas...

3. Ore y espere en Dios y pida al Espíritu que le hable. Tenga una hoja de papel en blanco y su biblia junto a usted. Después de orar para que el Espíritu lo dirija, comience a tomar notas de todo lo que venga a su mente, en cualquier orden.
   - Ideas relativas al tema de que se trate.
   - Escrituras que en alguna forma se refieren al tema.
   - Sentimientos personales acerca del tema.
   - Ilustraciones sobre el tema.

Permanezca en este paso hasta que lo "agote" (no viene nada más en 10 minutos).

4. Investigue lo que la Palabra dice sobre el tema. (Nota: es lo que la Palabra dice acerca del tema lo que interesa realmente). Comience este paso con lo que parece ser el versículo básico. ¿No tiene aún ningún pasaje bíblico en mente después del paso 3? Bueno, trate esto:
   - Busque en una concordancia algunas palabras clave que pueda aplicar al tema.
   - Investigue el tema, en un diccionario bíblico o en una enciclopedia.
   - Pregunte a amigos que sean más maduros en la Palabra.
   - Considere ilustraciones referentes al tema.

Nota: El punto aquí es que usted se adentre en los pasajes básicos de las Escrituras, no en las opiniones de otros—al menos no aún.

5. Diríjase a los pasajes principales y busque comprenderlos (aplique aquí los pasos del 1-5 del método expositivo). Finalmente vea los pasajes secundarios.

6. Ahora, procure acomodar su material en un conjunto coherente—una declaración completa de lo que las Escrituras dicen sobre este punto.
7. Luego consiga trabajos auxiliares de teología, corrientes cristianas actuales, ética, artículos de revistas...
8. Procure ahora ordenar cualquier divergencia entre 6 y 7.
9. Acomode el bosquejo final de la dirección que está tomando, aplicando las ideas mencionadas en el método expositivo 8-12.

FACILITANDO EL COMPARTIR EN EL GRUPO PEQUEÑO

1. Modele usted lo que quiere que hagan los otros miembros.

Usted, más que nada, determinará el carácter de su grupo. Si el tono que establece es defensivo, sospechoso, y superficial, tendrá un grupo defensivo, sospechoso, y superficial. Modelar su ideal significa ser vulnerable, que toma los pasos (en el momento apropiado) para mostrar lo que desea que ocurra. (Esto no significa, por supuesto, asustar a su grupo con algún tipo de "confesión verdadera". Significa modelar una actitud de apertura en la cual ellos sean libres para compartir tan profundamente como deseen). Esto no se lo puede enseñar desde un libro. Los miembros de su grupo tendrán esto modelado de primera mano.

2. Trate con experiencias, no con ideas.

Discutir en un nivel teórico es una manera segura de impedir que los estudiantes compartan con profundidad. Esto incluye las discusiones doctrinales. Es posible jugar un "ping-pong" intelectual, en que las ideas reboten de unos a otros sin que jamás vayan más allá del nivel del mero concepto. Pero cuando compartirmos la verdad que hemos descubierto mediante lo que hemos experimentado, nos compartimos a nosotros mismos, y al hacer esto, compartimos lo que Cristo es para nosotros y lo que ha hecho por nosotros. Mostramos a otros, no lo que pensamos, sino lo que sentimos, lo que somos, lo que conocemos como verdad basados en nuestra propia experiencia.

3. Trate con el aquí y ahora.

El pasado es interesante y a veces es valioso compartirlo, pero el enfoque del grupo pequeño deberá mantenerse en lo que está ocurriendo *ahora*. Lo que ha ocurrido a otros es interesante, pero el enfoque no está en otros y cómo Dios trató con ellos, sino en cómo Dios está tratando con *nosotros*. Hablar del pasado o de experiencias personales pasadas es frecuentemente una "cháchara" superficial. (Hay excepciones, por supuesto, tales como cuando una persona se abre y comparte algo que ha experimentado que causó un impacto importante en su vida, y que lo ayudó a ser de la manera que es hoy. Ese es un valioso compartir del pasado).

4. No interrumpa.

La clave aquí es escuchar a la persona que está hablando, dejar que él o ella tenga la oportunidad de realmente compartir lo que quiere. Si la persona está compartiendo algo que significa mucho para ellos, esto podría dar lugar a que la programación de la tarde debería sea cancelada a fin de compartir mejor lo que está en sus corazones. Esto no puede ser aplicable, por supuesto, a personas que solamente están dominando la reunión en un nivel muy superficial.

5. No indague.

Anime a cada persona a compartir lo que quieren, pero sin presionarlos a compartir lo que no quieren. Si alguien en el grupo comienza a indagar, diga algo así: "Vamos a permitir que José lo diga como ella lo ve" o: "¿Por qué no damos a Ramón una oportunidad de terminar lo que tiene que decir?".

6. No aconseje.

El consejo es barato y a veces desastroso. Si alguno en el grupo ha tenido una experiencia que es aplicable a la situación de la persona, permítale compartir la experiencia pero no continúe para dar conclusión a lo que la persona dice. Ahora, si la persona específicamente pide consejo, dígale lo que usted hubiera hecho de haber estado en su lugar.

7. No juzgue.

Cuando alguien comparte un pecado o un punto de vista diferente, la marcha del grupo tendrá una prueba crucial. La persona no debe ser humillada. Si es humillada, es posible que nunca se abra igualmente otra vez. El grupo debería aceptar las personas como son. Sólo a medida que el grupo lo haga así podrán sus integrantes hacer cambios verdaderamente duraderos en la vida de aquellos (Números 4-7 fueron tomados de L. Coleman, *Groups in Action*.)

UNA GUIA PARA RESOLVER PROBLEMAS EN UN GRUPO PEQUEÑO

Si un miembro del grupo crea problemas

1. Un miembro que no participa.

   Haga que participe en la conversación. Averigüe algo que le interese personalmente. Dedique algún tiempo con él o ella, aparte de la discusión. Cuando esta persona tome parte en la conversación, haga una distinción especial de eso. "Ese es un buen punto, José. Nosotros no te hemos oído lo suficiente aún. Apreciamos mucho escuchar tu posición." Use preguntas que abran a este tipo de personas. Haga preguntas directas que sólo esa persona pueda responder. No use preguntas que pueden ser respondidas con un "sí" o un "no", y por supuesto, no le haga preguntas que él o ella sea incapaz de responder por falta de información.

2. Un miembro es "el gracioso", el alma de la fiesta.

   Aliente la risa cuando necesiten relajar las tensiones. Ría y disfrútelo. Sin embargo, cuando es tiempo de continuar y las tensiones son aliviadas, desista de todo esfuerzo de frivolidad. La persona necesita aprender que su papel es productivo para aliviar tensiones y no para malgastar el tiempo riéndose cuando el grupo debería estar compartiendo.

3. Un miembro monopoliza la discusión.

   a. Aliente esto si él o ella está ejerciendo un papel que se espera beneficie más al grupo. Si no, interrumpa a la persona y diríjase a otro miembro. En general, estimule al grupo a cuidar de tales personas.

   b. No lo avergüence ni sea sarcástico. Usted más tarde necesitará a esa persona en su papel. No deje que monopolicen o den largos discursos. Interrúmpalos cortésmente y arroje la pelota a otro miembro, haciéndole una pregunta.

4. Un miembro es argumentativo, obstinado.

   a. Conserve la calma. Comprenda que él o ella no es inherentemente obstinado, sino sólo en el contexto de la conversación. No permita que el grupo experimente demasiada tensión y excitación. El antagonismo sólo engendra más antagonismo. Recuerde que el grupo es en cierto modo responsable del comportamiento del individuo. ¿Qué puede hacer el grupo para cambiar esto?

   b. Examine cuidadosamente la posición del miembro. Encuentre algún mérito, si es posible. No cierre su mente a esas ideas sólo porque fueron expresadas de manera antagónica. El grupo necesita examinar todos los aspectos. En un aprieto, déjeles saber que el tiempo es limitado y que usted se sentirá complacido de conversar con él o ella más tarde. Hable con ellos en privado antes de la siguiente reunión. Explíqueles que su visión es importante, que el grupo la considerará, pero que esto no debe destruir la efectividad del grupo.

Si el grupo crea problemas

1. **El grupo está desorientado, confundido, nadie quiere trabajar. Piden dirigir, se quejan que han estado malgastando el tiempo, sienten que las conversaciones carecen de estructura y que quieren hacer otra cosa.**

   Ahora es el momento adecuado para sugerirles una forma de trabajar. Provéales horarios y sugerencias para abordar la discusión en formas sistemáticas (si usted se muestra impositivo o severo al respecto será resistido y rechazado. Si proporciona una estructura ahora, será bien recibida).

2. **El grupo está cansado, es apático, perezoso, marcado por la carencia de interés, responde poco, bosteza, es callado, gentil.**

   Use una conversación ligera, en la que use de bromas y de buen humor. Hágalos sonreír, reír y reír a carcajadas. Despliegue mucho entusiasmo y energía de la mejor manera que pueda. Mantenga el entusiasmo hasta que esto "agarre". Explique los temas en forma vívida, hágales muchas preguntas fáciles (juegue tal vez al "abogado del diablo").

3. **El grupo se resiste, es antagónico, hostil. Los miembros intentan alardear, justificando sus ideas, demostrando su importancia. Los miembros porfían, entran en conflictos, y muestran antagonismos personales.**

Analice las habilidades de cada miembro. Evalúe el papel más provechoso para cada uno. Póngase de acuerdo y apoye a los miembros que asumen papeles adecuados. Bromee, use el buen humor (sin ridiculizar ni satirizar), cambie el tema. Recuerde al grupo sus objetivos. Si es necesario, enfrente las situaciones y conduzca el asunto que ocasione contiendas a una discusión abierta—hable sobre la interacción social.

4. **El grupo es entusiasta, responsable, activo. Los miembros estimulan las ideas de todos, hay un entusiasta acuerdo, cada uno está interesado y participa.**

   Vaya con la corriente del grupo. Permita que este sea democrático en dirección y liderazgo. No se preocupe demasiado por seguir la programación planeada. La paja puede ser removida luego. Explote ahora la creatividad del grupo.

OLOAOE

Fecha: _____

1.___**ORACION** (Propósito—Heme aquí, Señor, ... tal como soy
    Relajarse—Este momento te lo doy a ti, Señor
      Pedir—Ven aquí, Señor, por medio de tu Espíritu
        "**Sí**"—Creo que este momento será ordenado por ti.)

2.___**LECTURA** lenta y atenta (1 a 3 veces)   PASAJE DE HOY: _____

3.___**OBSERVACION** •••• de lo que dice (copiar / arreglar / bosquejar / interactuar con el texto)

_____
_____
_____
_____
_____
_____
_____
_____
_____
_____
_____
_____
_____
_____

•••• Interpretación: Lo que significa ... algunas posibilidades

_____
_____
_____
_____
_____
_____

(Ahora deténgase y simplemente pase tiempo en quietud, luego ...)

4.___**APLICACION** ... Creo que la dirección del Señor para mí **hoy** es ...

_____
_____
_____
_____
_____

5.___**ORACION** •   Adoración—Te amo Señor

       •   Confesión—Perdóname, Señor

          •   Acción de gracias—Gracias, Señor

            •   Súplica—Te pido, Señor,

6.___**EXPRESAR** ... ¿Debo transmitir a otro lo que recibo?

Qué: _____

A quién: _____

Cómo: _____

OLOAOE

EJEMPLO

Fecha: _____

1.____ORACI... ...eme aquí, Señor, ... tal como soy
...momento te lo doy a ti, Señor
...Ven aquí, Señor, por medio de tu Espíritu
..."Sí"—Creo que este momento será ordenado por ti.)

2.____...CTURA lenta y atenta (1 a 3 veces)   PASAJE DE HOY: _____ *1 Tesalonicenses 4:9-12.*

3.____**OBSERVACION**   •••• de lo que dice (copiar / arreglar / bosquejar / interactuar con el texto)
"amor fraternal" (filadelfia). Pablo parece decir: "Estás haciendo bien pero aún debes hacer más".

"habéis aprendido de Dios". Parece que Pablo forjó esta palabra. En Isaías 53, una de las evidencias de la nueva era de salvación será que la juventud aprenderá de Dios. Pablo está implicando que la nueva era de salvación está presente ya.

"y que procuréis tener tranquilidad" (Reina-Valera)
Pablo parece estar usando una contradicción aquí (como "fuego amistoso", o "inteligencia militar", o "llanero solitario cristiano").

Pablo los exhorta a:
1) abundar más y más en amor fraternal
2) aspirar a vivir tranquilamente
3) ocuparse de sus negocios
4) trabajar con sus propias manos

•••• Interpretación: Lo que significa ... algunas posibilidades

El amor fraternal no es algo que puede asumir que está haciendo lo suficientemente bien. Dios me debe enseñar. Parece que los tesalonicenses estaban consumidos con una "fiebre de los últimos días". Algunos habían dejado de trabajar, estaban viviendo a costillas de otros cristianos (1 Tesalonicenses 5:14; 2 Tesalonicenses 3:6-15), y se estaban volviendo entremetidos.

(Ahora deténgase y simplemente pase tiempo en quietud, luego ...)

4.____**APLICACION** ... Creo que la dirección del Señor para mí **hoy** es ...
Pablo probablemente no podría decir que no necesitaba enseñarme más sobre el amor fraternal. El calificó a los tesalonicenses con una "A". El probablemente me calificaría con una "C" en amor fraternal 101.
Los tesalonicenses tenían problemas con el vivir y querían depender de otros. Yo tengo un problema opuesto (la autosuficiencia). Los tesalonicenses tenían problemas de ser entremetidos. Yo tengo más bien el problema de ser como un ermitaño. Los tesalonicenses dejaron que su expectación de los últimos días fuera desenfrenada. Yo no tengo suficiente expectación por los últimos días.

5.____**ORACION** •   Adoración—Te amo Señor

•   Confesión—Perdóname, Señor

•   Acción de gracias—Gracias, Señor

•   Súplica—Te pido, Señor,

Hoy voy a pedir a Tomás que almuerce conmigo en la cafetería todas las semanas para edificar una relación de amistad (amor fraternal)

6.____**EXPRESAR** ... ¿Debo transmitir a otro lo que recibo?

Qué: *Invitación a Tomás para almorzar semanalmente conmigo para edificar una relación de amistad*

A quién: *a Tomás*

Cómo: *Le hablaré después de la clase hoy*

NECESIDADES, PREOCUPACIONES, Y PROBLEMAS

Un repaso

Nombre:_____

Fecha: _____

PERSONALES Y DE RELACION
Asuntos de tu pasado y tus sueños futuros.
Amistades, trabajos, finanzas.

FAMILIARES
Asuntos de las relaciones en tu familia inmediata
y extendida.

ACADEMICAS
Asuntos de trabajo de clase, hábitos de estudio,
notas, elección de carrera...

ESPIRITUALES Y MINISTERIALES
Asuntos de tu relación con el Señor
y tu ministerio para El.

LOS PASOS BASICOS DEL MINISTERIO

EJEMPLO

Nombre: _Tomás Estudiante_

Fecha: _21 de septiembre_

Examina la necesidad

Mientras estuviste en tu casa durante las vacaciones de Navidad, tuviste varios desacuerdos con tu papá. Esto culminó con una gran discusión sobre tu elección de la Obra Social como tu carrera. Tu padre desea que estudies Derecho y que luego vayas a la escuela de leyes de la universidad en que él se graduó. Tú vuelves a la univesidad sin hablar con tu papá. Sientes que la Obra Social es el lugar en donde el Señor desea que estés. Tu padre no es cristiano.

Edifica un fundamento bíblico

El asunto es reflejado por dos principios contrastantes:

1) *Debemos honrar a nuestros padres (Deuteronomio 21:20; Proverbios 20:11; 23:22; Marcos 7:10; Efesios 6:2ss.) y,*
2) *debemos vivir una vida consagrada de corazón a Cristo (Mateo 10:37-39; 16:24-28; Lucas 14:26-35).*

Crea metas mensurables

En fe intentaremos:

1) *reestablecer las líneas de comunicación dentro de los siguientes 10 días.*

2) *procurar un mutuo entendimiento entre tú y tu padre en cuanto a tus sentimientos sobre este asunto.*

3) *buscar reconciliación.*

4) *antes de las vacaciones de primavera tratar de explicar claramente las decisiones que estás tomando en términos que tu padre entienda.*

Desarrolla un plan de acción

1) *Escribe una carta en la que pidas perdón por salir de tu casa frustrado y enojado. Hazlo en los siguientes tres días. Lo repasaré contigo.*

2) *Llama a tu padre un día después que haya recibido la carta. Pide perdón de nuevo por teléfono.*

3) *Pregunta cuándo puedes ir a tu casa para explicar por qué deseas seguir esta carrera.*

4) *Pide mucho apoyo de oración de tu grupo pequeño.*

Establece el apoyo apropiado

Yo oraré por ti, Tomás, y te ayudaré a escribir la carta si lo quieres. Estaré contigo durante todo este proceso, pase lo que pase. Hablaré contigo el próximo martes para ver cómo fue la llamada telefónica.

LOS PASOS BASICOS DEL MINISTERIO

Nombre:_____

Fecha: _____

Evalúa la necesidad

Edifica un fundamento bíblico

Crea metas mensurables

Desarrolla un plan de acción

Establece el apoyo apropiado

LOS PASOS BASICOS DEL MINISTERIO

EJEMPLO

Nombre: _Tomás Estudiante_

Fecha: _21 de septiembre_

La necesidad

Mientras estuviste en tu casa durante las vacaciones de Navidad, tuviste varios desacuerdos con tu papá. Esto culminó con una gran discusión sobre tu elección de la Obra Social como tu carrera. Tu padre desea que estudies Derecho y que luego vayas a la escuela de leyes de la universidad en que él se graduó. Tú vuelves a la univesidad sin hablar con tu papá. Sientes que la Obra Social es el lugar en donde el Señor desea que estés. Tu padre no es cristiano.

Edifica un fundamento bíblico

El asunto es reflejado por dos principios contrastantes:

1) *Debemos honrar a nuestros padres (Deuteronomio 21:20; Proverbios 20:11; 23:22; Marcos 7:10; Efesios 6:2ss.) y,*

2) *debemos vivir una vida consagrada de corazón a Cristo (Mateo 10:37-39; 16:24-28; Lucas 14:26-35).*

Crea metas mensurables

En fe intentaremos:

1) *reestablecer las líneas de comunicación dentro de los siguientes 10 días.*

2) *procurar un mutuo entendimiento entre tú y tu padre en cuanto a tus sentimientos sobre este asunto.*

3) *buscar reconciliación.*

4) *antes de las vacaciones de primavera tratar de explicar claramente las decisiones que estás tomando en términos que tu padre entienda.*

Desarrolla un plan de acción

1) *Escribe una carta en la que pidas perdón por salir de tu casa frustrado y enojado. Hazlo en los siguientes tres días. Lo repasaré contigo.*

2) *Llama a tu padre un día después que haya recibido la carta. Pide perdón de nuevo por teléfono.*

3) *Pregunta cuándo puedes ir a tu casa para explicar por qué deseas seguir esta carrera.*

4) *Pide mucho apoyo de oración de tu grupo pequeño.*

Establece el apoyo apropiado

Yo oraré por ti, Tomás, y te ayudaré a escribir la carta si lo quieres. Estaré contigo durante todo este proceso, pase lo que pase. Hablaré contigo el próximo martes para ver cómo fue la llamada telefónica.

EVALUACION DE LA REUNION DEL GRUPO PEQUEÑO

Nombre: _____

Fecha(de la reunión): _____

¿Quién estuvo presente?	¿Quién estuvo ausente?

1. ¿Cuál fue el enfoque principal de la reunión del grupo pequeño?

    ❑ Presentación de una historia personal ❑ Afirmación ❑ Discipulado ❑ _____

2. ¿Qué evidencia puedes reportar del desarrollo de las relaciones comprometidas y significativas entre los miembros del grupo?

3. Evalúa la reunión del grupo pequeño en cuanto a los cuatro componentes del Formato de Reunión de Grupo Pequeño:

    A. Adoración en el grupo.
        • Incluye en tu evaluación lo siguiente: nivel de participación, libertad de expresión, y significado de ministerio.

    B. Contenido
        • ¿Qué contenido fue planeado? ¿Cuál fue el contenido real de la reunión? ¿Qué ocurrió verdaderamente?

        • ¿Cuál fue el estilo predominante de la reunión?

    ←————————————————————————————————→
    Formato de discusión   Formato de enseñanza
    solamente   solamente

Apéndice 33

C. Compartir
- ¿Qué indicaciones tienes de que los miembros se familiarizaron unos con otros?

- ¿Hubo ocasiones para el ministerio personal?

D. Oración
- Describe tu tiempo de oración.

- ¿Fue enfocado personalmente u orientado hacia el asunto? ¿Estuvo el enfoque dentro o fuera del grupo?

❑ Yo pasé tiempo en oración por los miembros en el grupo pequeño y por el grupo en general.

4. ¿En qué manera contribuyó o impidió esta reunión tu progreso hacia las metas del grupo?

5. Uno a uno

MIEMBROS DEL GRUPO PEQUEÑO CON QUIENES TU TE REUNISTE LA SEMANA PASADA			
Nombre	Actividad	Propósito	Resultado
1.			
2.			
3.			
4.			

6. Otros comentarios (sugerencias, problemas, preguntas...)

Recibido por:	Inicial	Fecha
Líder de recursos		
Coordinador de discipulado		

EXAMEN FINAL DE LA CLASE
DE DISCIPULADO

Nombre:_____

Fecha: _____

El propósito de este examen es ayudarte a tener en mente la información de esta clase que es más importante recordar. Por tanto, este examen está destinado a ser una herramienta de enseñanza. Tú podrás volver a él y usarlo como un repaso de esta clase. No hay preguntas artificiosas.

I. **DEFINICION**—Escribe una corta declaración en la que definas los siguientes conceptos:

A. transgeneracional

B. autócrata

C. comunidad

D. disciplinas espirituales

II. **DISTINCION**—Escribe una corta declaración en la que indique la diferencia en los siguientes conceptos:

A. un grupo pequeño de discipulado ---- discipulado uno a uno

B. discipulado a través de relaciones ---- programa mecánico

C. liderazgo natural ----------------------- liderazgo espiritual

D. amonestación --------------------------- excomunión

E. obediencia ciega ----------------------- responsabilidad mutua

F. propósitos ----------------------------- metas

III. LLENA EL ESPACIO EN BLANCO

A. Según su filosofía de ministerio, Chi Alpha establece como su propósito ser un_____de estudiantes univesitarios. Este propósito encuentra su expresión en un enfoque de cuatro partes. Los cuatro puntos de la filosofía del ministerio para Chi Alpha abarcan estas áreas:

1._____

2._____

3._____

4._____

B. En la Lección 6 contruimos un cuadro titulado *Estilo de vida de prioridades bíblicas*. Este cuadro subraya tres prioridades de Juan 15. Ellas son:

Prioridad uno: Un compromiso progresivo a_____

Prioridad dos: Un compromiso progresivo al_____de_____

Prioridad tres: Un compromiso progresivo al_____ de_____en el_____

C. Este simple dicho nos ayuda a entender cómo puede efectuarse la delegación en el discipulado:

_____lo hace_____observa

_____lo hace_____ayuda

_____lo hace_____ayuda

_____lo hace_____observa

_____lo hace_____observa

D. Cita tres disciplinas de la Lección 6, "Las disciplinas del discipulado" que estás tratando de incorporar en tu vida.

1._____

2._____

3._____

E. ¿Quién es tu "Pablo"? ¿Quién es tu "Timoteo"? Explica tu respuesta.

IV. **EMPAREJAMIENTO. 1**—Empareja los siguientes datos con las siguientes tres categorías:

___ compartir

___ estilo de vida misionero

___ adoración

___ afirmación

___ oración

___ cuidado espiritual

___ comunión

___ desarrollo de liderazgo

___ relaciones de amor

___ contenido

___ discipulado

___ presentación de historia

A. Propósitos para un grupo pequeño de discipulado
B. Etapas para construir un grupo pequeño
C. Formato para un grupo pequeño de discipulado

V. **EMPAREJAMIENTO. 2**—Empareja los siguientes aspectos del método de discipulado de Jesús con la frase corta que lo describe.

___ El les dio trabajo

___ La evidencia de un discípulo adiestrado

___ El se entregó a sí mismo

___ Lleva tu propia cruz

___ El los hizo responsables

___ Los hombres (la gente) eran su método

___ El les mostró cómo vivir

___ El se quedó con ellos

A. Selección
B. Asociación
C. Consagración
D. Repartimiento
E. Demostración
F. Delegación
G. Supervisión
H. Reproducción

VI. **ENSAYO BREVE**—Escribe brevemente sobre los siguientes temas:

A. ¿Cuál es la principal distinción entre el *mensaje* y el *método* del discipulado de Jesús? ¿Cómo ambos eran importantes?

B. Define a los "hombres fieles" (o usando el lenguaje inclusivo "individuos fieles") y cita, de la manera que puedas, el versículo bíblico (con la referencia) de la cual se deriva esta frase.

C. ¿Cuáles son los cinco elementos esenciales para ser un discipulador eficaz que observamos en la última lección? Repasa los cinco puntos esenciales y haz una autoevaluación en cuanto a tus puntos fuertes y/o vulnerables en estas áreas.

           Elementos esenciales   Autoevaluación

1.

2.

3.

4.

5.

D. ¿Cómo usarías una hoja de "Necesidades, preocupaciones, y problemas" y una hoja del "ABC del ministerio"?

E. Describe el mejor estilo de liderazgo para dirigir un grupo pequeño de discipulado.

F. Por favor, explica la siguiente cita de la Lección 9: "Para que Jesús traiga la libertad a nuestra vida necesitamos *liberación* y *disciplina*". ¿Cuál es la diferencia entre la disciplina y la liberación como fueron definidas en esta lección? ¿Qué papel debe cada uno jugar en la vida de un discípulo?

VII. **ESTUDIO DE CASOS**—Las siguientes situaciones asumen que tú eres el líder de un grupo pequeño ficticio el siguiente otoño. Por favor, escribe tus respuestas y lo que harías en cada caso.

A. José, uno de los miembros de tu grupo pequeño, viene a ti, el líder del grupo pequeño, con un problema. El recibió el nombre de Tomás durante la primera semana de clases para hacer un contacto de seguimiento. Tomás es un estudiante de primer año de un pequeño pueblo que se crió como un evangélico libre y dice ser cristiano. José hizo un buen trabajo de seguimiento y Tomás vino a la reunión semanal principal y al grupo pequeño. Tomás se molestó mucho por la adoración. El no piensa que se necesita ser "tan fanático" en cuanto al compromiso de uno para con Dios, como todos parecen ser allí. El no regresaría a la reunión semanal ni al grupo pequeño. El dice que ha decidido visitar "algunas iglesias de alrededor".

B. Emilia está en tu grupo pequeño. Ella es una alumna del segundo año transferida de otra universidad. Ella te cuenta que estuvo en un grupo estudiantil de más de 150 personas en su universidad anterior. Ella estaba en un grupo de estudio bíblico al que ayudaba a dirigir. Ese grupo pequeño creció de 3 a 13 chicas en un semestre. Emilia ha venido dos veces al grupo pequeño. En ambas ocasiones trató de dominar la conversación. Ella no regresó la tercera semana. Tú, como el líder del grupo, fuiste a visitar a Emilia. Ella dijo que no iba a regresar al grupo. "En el grupo pequeño—dijo ella—todos son tímidos. No quieren adorar ni tomar seriamente el estudio de la Biblia." Tu meta—que ella permanezca comprometida al grupo pequeño y a la reunión principal semanal.

C. Teodoro es un estudiante del tercer año que vive fuera de la universidad con tres compañeros. El es muy difícil de encontrar. Tiene un trasfondo luterano y no asistió mucho a la iglesia mientras estuvo en la universidad. Este verano pasado comenzó a leer la Biblia por su propia cuenta. Algo comenzó a ocurrir en él. Estando en la universidad, vio una de nuestras mesas de anuncios y expresó su interés en Chi Alpha. Teodoro vino a una reunión semanal principal y a una reunión de grupo pequeño, pero después de eso faltó dos semanas seguido. Tú has estado tratando de encontrarlo. Otro miembro de tu grupo pequeño vio a Teodoro en la universidad. El dijo que nunca antes había escuchado nada sobre el Espíritu Santo y que tenía miedo de asociarse en un culto en que se tratara el tema, o por lo menos algo parecido. El dice que tratará de hacerlo por cuenta propia, como lo hizo durante el verano pasado.

VIII. En otra hoja de papel, escribe por favor una breve crítica sobre la clase de discipulado y adjúntala a tu examen cuando lo entregues. Asegúrate de describir la influencia que esta clase ha tenido en ti.